# MANUAL DE STAND UP

KRISTOF MICHOLT

# MANUAL DE STAND UP

## ¡Cómo escribir, actuar, improvisar, presentar y producir Stand Up!

### Versión 1.0

E-mail: info@standupclubrecoleta.com
Sitio: www.standupclubarg.com

## Dedicatoria

*¡Gracias a Maio! Sos lo más.*

# Introducción

*¡Hacer reír es lo más lindo que hay!*

¡Bienvenidos al Manual de Stand Up!

Si todavía estás dudando si el Stand Up es para vos o no, fijate si sentís afinidad con algunas de las siguientes frases.

## ¿Por qué tendrías que hacer Stand Up?

–Porque querés vivir de lo que te gusta.

–Porque no podés parar de hacer chistes.

–Porque no podés parar de hacer chistes y ya no te soportan ni tu pareja, ni tu vieja, ni tu papá, ni tu perro.

–Porque estás harto de tu laburo de 9 a 18.

–Porque sos mucho más gracioso que todos los que suben al escenario, todos los que hacen videítos y memes...

–Porque tenés huevos u ovarios y ya es hora de demostrarlo.

–Porque sí. ¡Porque sentís que hacer reír a la gente es lo tuyo!

Si una o más respuestas son de aplicación a vos, seguí leyendo...

## ¿Tenés el gen de comediante?

Ahora le segunda pregunta es, y todavía más importante que la primera: ¿Tenés lo que hace falta para hacer Stand Up? ¿Algunas de las cosas siguientes te pasan?

–¿Siempre te preguntás si el mundo es raro o si sos vos?

–¿Tenés una familia llena de locos y dementes?

–¿Sos el exagerado de la familia?

–¿Imitás a tu abuelita cuando ella no te ve? O mejor todavía: ¿cuándo te ve?

–¿Siempre tenés una opinión sobre todo? ¿Sos (o te creés) un experto de política, religión o envases de shampoo?

–¿Cada vez que pasa algo feo, pensás en el lado gracioso? Por ejemplo cuando alguien se cae en la calle o cuando se enferma tu suegra.

–¿Siempre tenés un pedo listo para tirar en el momento menos oportuno?

–¿Saliste con varias personas sumamente locas?

–¿Contarías cualquier intimidad vergonzosa sobre tu vida, solo para hacer reír?

–¿No parás de hablar a tu televisor, perro, pantalla de cine, teléfono, …?

–¿Cada vez que ves un humorista que te gusta, que te hace cagar de risa, que te parece un genio, pensás: "¡Yo lo puedo hacer mejor!".

Si contestaste SÍ, a algunas de estas preguntas… ¡Tal vez la comedia te pueda salvar la vida!

## ¿Qué es el Stand Up?

Hay varias definiciones del Stand Up y se pueden discutir horas sobre ellas pero hay dos elementos fundamentales en el Stand Up: el primero es que una persona sube sola al escenario y el segundo, que hace reír al público (o al menos intenta).

Podemos profundizar diciendo que esta persona (el comediante) hace reír con un monólogo original y único; y que la idea es que su material esté escrito por ella misma o por otra persona que lo escribió específicamente para ella. También podemos definir el Stand Up por lo que no es: un comediante de Stand Up no hace teatro (no interpreta un guion), tampoco hace chistes populares, ni de internet, ni de otros comediantes.

La gran diferencia entre el Stand Up y el Teatro es que no hay una cuarta pared imaginaria que separe al público de la escena. El comediante mira y habla directamente al público y hasta interactúa con él. El Stand Up parece una charla improvisada del comediante con el público. Esto solo es en apariencia porque los comediantes preparan, ensayan y pulen sus monólogos extensamente (más allá de que pueda haber algo de improvisación pero en general es menos del 10% del tiempo del comediante en el escenario).

En el Stand Up el tiempo es aquí y ahora, no hablamos en términos de anécdotas, sino que contamos lo que nos está ocurriendo en este momento. Obviamente que se puede hacer referencia a situaciones que pasaron antes, pero contamos como nos sentimos en el presente con respecto a estos acontecimientos.

### ¿Por qué a la gente le gusta tanto el Stand Up?

El Stand Up es tan popular porque en general se tocan temas que tienen que ver con la vida cotidiana. Los comediantes hablan de cosas que nos pasan a todos o nos podrían pasar. La gente se puede identificar y hacer catarsis riéndose de sí mismo. Esto en oposición a los "personajes cómicos". En general estos personajes son más extremos, sacados, absurdos y/o parecen más payasos, con vidas muy diferentes a las del público.

NA: "Stand Up" y "Stand Up Comedy".
En Argentina se dice "Stand Up" al "Stand Up Comedy", así que para simplificar uso los términos "Stand Up".

# Parte I: Escritura

# CAPÍTULO 1

# ¿Cómo escribir un chiste?

## 1. Elegir un tema

Para escribir un chiste, primero hay que elegir un tema: ¿Sobre qué querés escribir un chiste? Se puede escribir sobre (casi) cualquier cosa. Más adelante vamos a ver con más detalles cómo elegir y buscar temas; y cuales convienen ser evitados.

Por ahora lo importante es que elijas un tema que te interese, o sea que tengas una opinión o un sentimiento fuerte sobre él.

Cuando decimos opinión fuerte, tendemos a pensar que hay que tener una opinión política o religiosa. No. Una opinión fuerte puede ser sobre cualquier cosa, desde la guerra en Afganistán hasta la forma de un jabón.

Formular nuestras opiniones es un proceso importante en la búsqueda de una rutina humorística. Muchas veces sabemos que algo nos gusta o no pero no siempre tenemos muy claro el porqué.

## 2. Estructura de un chiste

Todos los chistes constan de 3 partes: Premisa (y actitud) –Pie –Remate.

En las primeras dos partes del chiste (Premisa y Pie) no se trata de ser gracioso. Más bien todo lo contrario. Se anuncia un tema que nos importa y damos un sentimiento sincero con respecto a ello.

En la tercera parte, el remate, viene la parte graciosa.

### La primera parte: premisa y actitud

En la primera parte del chiste escribís lo que te pasa con el tema que elegiste. La premisa tiene que generar interés en el público.

La actitud es una opinión o sentimiento sobre un tema. Todavía no es el momento de entrar en detalles. Solo se responde a las siguientes preguntas: ¿Qué te pasa con el tema que elegiste? ¿Cuál es tu opinión sobre ello? ¿Cómo te sentís al respecto?

El humor siempre surge de la frustración, el enojo, el odio, la molestia, la vergüenza, la incomodidad… No se puede hacer humor sobre algo que nos pone feliz. Lo vamos a ver más en detalle pero ya es importante tomarlo en cuenta.

Siempre vuelven las mismas actitudes básicas:

–Odio…

–Me parece raro…

–Me molesta…

–Me da miedo…

–Es difícil…

–Es estúpido…

–Me da vergüenza…

–Me incomoda…

Tomemos el ejemplo: "el supermercado" y formamos varias premisas sobre ese tema:

–Odio ir al supermercado.

–Hay cosas que me molestan de los supermercados.

–Ir al supermercado puede ser frustrante.

–Hay cosas en el supermercado que son raras.

–Me da vergüenza ir al supermercado.

–Me siento perdido en el supermercado.

–Es estúpido ir al supermercado.

–Ir al supermercado es difícil.


## La segunda parte: el pie

El pie explica el "porqué" de lo dicho en la premisa. Explica por qué nos sentimos de cierta forma con respecto a un tema.

Ejemplos:

Premisa: "Odio ir al supermercado".

En el pie damos un ejemplo concreto de por qué odiamos ir al supermercado:

–porque siempre me pierdo.

–porque nunca encuentro nada.

–porque siempre me encuentro con mi vecina.

Premisa: "Me da vergüenza llegar a la caja y darme cuenta que no traje dinero".

En el pie explicamos porque nos da vergüenza olvidarnos de llevar plata al supermercado.

Pie:

–porque la gente me mira.

–porque me siento pobre.

–porque no sé qué decir a la cajera.

–porque tengo mi carrito lleno de cosas y lo tengo que dejar ahí.

Lo mejor es siempre mantenerte cerca de la verdad, contar algo que nos pasa realmente. Desde ahí es mucho más fácil hacer reír.


<u>La tercera parte: el remate</u>

El remate es la parte graciosa del chiste. Busca sorprender al público. Para hacer reír, el remate debe ser algo que la gente no veía venir, los lleva a un lugar que no esperaban.

Por ejemplo:

Premisa y pie: Me da vergüenza en el supermercado llevar el carrito de otra persona porque quedo como un despistado.

Remate:

–Viene una señora y me dice:

–(ella) "¡Es mi carrito!"

–(yo) "¡No!, es el mío".

–(ella) "¿Y esas toallitas?"

—(yo) "Me vino".

Acá el remate sorprende porque el comediante, en lugar de admitir que se equivocó en llevar el carrito, contesta como si fuera una mujer.

Hay diferentes tipos y estructuras de remates. En el Capítulo "tipos de remates" vamos a ver a todos, ilustrados con ejemplos.

## 3. Consideraciones generales sobre cómo escribir un chiste
Burlarse de uno mismo

Conviene que el comediante se apropie de la parte ridícula en varios momentos.

Cuando te burlás demasiado de otros, quedás como agrandado (especialmente al principio de un monólogo cuando no ganaste la simpatía del público todavía). La gente prefiere la humildad del comediante que se ríe de sí mismo.

A veces, ponerte en ese lugar como comediante, puede hacer que un chiste funcione.

Por ejemplo, por mucho tiempo (hablo de dos a tres años), intenté hacer chistes sobre la gente que se queja mucho. Decía que los odiaba y daba mis razones. Nunca funcionó. El público me miraba con cara de "Ah bueno, ¿al señor no le gusta que nos quejemos? ¿El señor no se queja nunca?" (Ahora me doy cuenta, en el momento mismo solo veía que no se reían y que los perdía).

Al final pude hacer funcionar ese material diciendo que yo me quejo mucho y que encima me gusta. El remate es el mismo pero a partir de ese momento el público se puso de mi lado y comenzaron a reírse.

Me pasó lo mismo con un chiste sobre la gente que se cae en la calle. Solo comenzó a funcionar describiendo lo que hago yo cuando me caigo en la calle (que por suerte no me pasa desde que tengo 6 años) y no, describiendo la reacción ridícula de otra gente.

A algunos comediantes les cuesta ponerse en el lugar del ridículo. Es un tema de ego. Para ser comediante hay que poder mostrarse vulnerable y torpe, como un payaso. Eso es lo importante. En el escenario mostramos una versión exagerada de nosotros mismos.

Claramente eso no quiere decir que no te podés reír de otra gente, especialmente cuando ya tenés al público a tu lado. Lo ideal es encontrar un equilibrio entre los dos tipos de material.

Igual recomiendo, cuando te reís mucho de otra gente, que al final cierres ese material con un chiste sobre vos mismo. Esto hace que el público siga con vos.

## Escribir como hablamos

Cuando escribimos chistes, tenemos que escribir como hablamos. Por eso es importante, ir diciendo el chiste en voz alta para saber si va quedando natural. A veces no es fácil hacer ese "click" de escribir así, porque en la escuela aprendimos a escribir en prosa, para que sea leído y no dicho.

Tampoco estamos escribiendo un discurso serio y formal, en el Stand Up la idea es hablar en el escenario como hablamos en el día a día.

Cuando hablamos, muchas veces hacemos frases incompletas, tiramos palabras sueltas, cortas y usamos los verbos más simples como: ser, estar, hacer, tener... Cuando escribimos en general buscamos verbos más "complicados" como permanecer, realizar...

En los chistes también es mejor evitar palabras largas, especialmente las que terminen en –mente. Suena más fluido decir: "Seguro lo hago" que "Seguramente lo hago". No es importante hablar correctamente, más bien buscamos usar un lenguaje común y accesible a todos.

## Detallado y concreto

Cuando describimos algo, es importante ser exacto con las palabras. Si no, generamos imágenes erróneas en las mentes del público. Por ejemplo hay mucha diferencia entre bote, velero y barco. Y el sentido del chiste puedo cambiar según la elección de la palabra. Por ejemplo un bote evoca algo básico y un velero algo exclusivo.

Cuanto más potente es la imagen, más efectivo será el chiste. Hay que ser concreto para generar la imagen correcta en la menta de la gente. Por ejemplo decir gaseosa es mucho más concreto que decir bebida. Porque bebida puede ser agua, cerveza, vino, whisky, coca cola. También es más concreto decir Coca Cola que gaseosa...

## Ser original

No es importante ser originar en los temas pero sí en la mirada, la opinión sobre algo o, el abordaje de los mismos.

Es muy difícil encontrar un tema original, primero porque no hay tantos que permiten la identificación con la mayoría del público y segundo porque ya está "todo hecho".

Igual es interesante seguir buscando temas originales. Siempre se puede encontrar algo que nos toca a todos y hasta ahora a ningún comediante se le ocurrió.


## Sé breve y eficaz

En un chiste, cada palabra, cada frase tiene que tener una razón para estar. Si agregamos cosas, la gente se pierde; se confunde y si pasa varias veces en un monólogo la gente se cansa porque tiene que hacer demasiado esfuerzo para seguir. Están en un show de Stand Up, no en una clase.

Hay que ir al grano y ser preciso. Después de haber escrito un chiste, se lo debe revisar varias veces y preguntarse siempre qué palabras se pueden sacar, qué otras formas más cortas existen para decir lo mismo.

Si podés decir algo con dos palabras en lugar de tres, ¡hacelo! Un chiste no es literatura. No tiene que ser poético ni elocuente, tiene que ser eficaz.

No hay introducciones ni explicaciones, ni se cuentan historias ni anécdotas.


## Hay que ir al grano

Hacer Stand Up no es un asado entre amigos. El humor no es prosa. No hay que describir ni explicar cosas. Hay que decirlas.

Un chiste tiene la forma de una opinión y no de una historia o una anécdota.

Cuando arrancamos diciendo "el otro día...", "una vez..." o usamos mucho las palabras "y después... y después" estamos contando una anécdota o una historia.

## Hacer Stand Up no es dar una clase

En el Stand Up no funciona dar clases de algo. ¿Sabés mucho de fotografía y querés explicar cómo se saca una buena foto? No es para Stand Up. A la mayoría de la gente no le interesa.

Lo que sí podés hacer, es explicar por qué te frustra tanto no lograr sacar una buena foto, poniendo énfasis en la emoción (la frustración). Todos nos podemos identificar con la frustración de no poder lograr algo.

Igual siempre hay un mensaje, a través del humor damos una mirada diferente al mundo.

# CAPÍTULO 2

# Más sobre la premisa

Voy a dedicar un capítulo especial a la premisa porque es fundamental. Si la premisa no es clara, no se entiende el chiste. Ahí reside todo el trabajo preparatorio.

En general, cuando un chiste está medio débil, los comediantes tratan de mejorar el remate pero muchas veces el problema está en la premisa.

## 1. ¿Qué es la premisa?

La premisa es la introducción al chiste y tiene dos partes: el tema y la actitud.

La premisa instala el tema del chiste y hace saber lo que siente el comediante sobre ese tema (la actitud). Puede constar de 1 o más frases.

Ejemplo:

Premisa con el tema y la actitud: *"Me da mucha vergüenza enojarme en público"*. El tema es: enojarse en un lugar público y la actitud es que le da vergüenza.

Además de decirlo, la vergüenza se tiene que poder ver en el comediante al decirlo. O sea la actitud se nota en las palabras y en la forma que lo dice el comediante.

### ¿Qué es una buena premisa?

Ya lo dijimos: ¡La premisa tiene que captar el interés del público! Y ellos solo se van a interesar, si el comediante está interesado. Y eso se demuestra a través de una actitud fuerte.

## La actitud puede ser implícita

Con el tiempo los comediantes ya no dicen explícitamente cuál es su sentimiento con respecto al tema. La actitud sale de cómo el comediante lo dice.

Al principio (tanto para comediantes novatos que para comediantes con experiencia que prueban un chiste nuevo) puede ser de gran ayuda decir el sentimiento en voz alta, para que salga la actitud. El cuerpo sigue las palabras.

Ejemplo de premisa con el tema y el sentimiento más implícito:

*"A veces, lo que más nos gusta de alguien al principio, después de un tiempo es lo que más nos molesta".*

El tema está claro. Se trata de cómo puede cambiar la imagen de alguien mientras que vamos conociéndolo. La actitud no está tan clara desde lo escrito. Se tendrá que notar y destacar desde la actitud del comediante en el escenario. Pareciera que sería de frustración y/o enojo pero no se puede saber sin escuchar al comediante.

## 2. Características de una buena premisa

Para que la premisa genera interés en el público, tiene que ser clara, breve, concisa, universal y verdadera (o por lo menos creíble).

## La premisa tiene que ser clara y concisa

No puede sobrar ni una palabra sino el público se confunde, se pierde, se cansa.

Cuando agregamos detalles que no son necesarios para el chiste, la gente se queda pensando en lugar de reírse.

Por ejemplo, veamos esta premisa:

*Me da mucha vergüenza ajena cuando una señora, una chica o hasta un pibe, se corta las uñas en el colectivo.* (El remate es: Como que decís: *"¿Eso lo hacés en casa también?" "No, en casa, no tengo un colectivo".*)

Acá tomamos el riesgo que la gente espera que digas algo sobre el pibe y si el remate no habla del pibe, se quedan pensando. *"¿Por qué habló del pibe? ¿Qué pasa con el que se corta las uñas en el colectivo? ¿Será obsesivo?"*

Se vuelve mucho más eficaz, sacando toda la información que sobra y queda así:

*Me da mucha vergüenza ajena, la gente que se corta las uñas en el colectivo: "¿Eso lo hacés en casa también?" "No, en casa, no tengo un colectivo".*

Una premisa puede ser muy corta. Por ejemplo: *"Me distraigo fácilmente"*.

Pero tampoco necesariamente tiene que ser así. La premisa tiene que tener las palabras necesarias para que sea clara.

Puede ser larga, por ejemplo: *"El tema es que yo pienso mucho. Y cuando un hombre tiene una erección, el 25 por ciento de la sangre de la cabeza va al pene. Pero cuando te ponés a pensar, a maquinar, este 25 por ciento vuelve a la cabeza y tu erección se va"*. (Remate: Entonces cuando un hombre te quiere violar, preguntale: *"¿Cuánto es 15 por 149?)"*.

Conviene no utilizar demasiado premisas largas, la gente tiene que seguir lo que se dice con mucha atención y se pueda cansar o quedar en el camino, perdiéndose de esta manera el efecto cómico buscado.

La premisa tiene que ser universal

En primer lugar el público (o por lo menos la mayoría) tiene que entender de lo que estás hablando. Mejor todavía es cuando se pueden identificar (para eso les tiene que haber pasado o tienen que conocer a alguien que le pasó o se tienen que poder imaginar que les podría suceder). Así generamos conexión.

Ejemplos de premisas no universales:

*"Hacer taekwondo es difícil"*. La mayoría de la gente nunca hizo taekwondo y tampoco sabe mucho sobre el tema. Una premisa mejor sería: *"Aprender artes marciales es difícil"*. Aunque no lo hayamos hecho, podemos imaginarnos que sea difícil.

*"La película Avatar nos enseña muchas cosas"*. Aunque Avatar haya sido una de las más vistas del mundo, también hay un montón de gente que no la vio. Eso ocurre siempre con las películas. Entonces habrá que explicar mucho antes de poder llegar al chiste.

Mejor sería: *"El cine nos enseña muchas cosas"*. Y habrá que buscar enseñanzas que salen de distintas películas. ¿Eso limita sobre qué podemos hablar? Sí, lamentablemente el Stand Up tiene eso.

*"Convivir es horrible"*. Aunque haya gente que pueda pensar lo mismo, mucha gente no piensa lo mismo (sino casi nadie conviviría) pero todos tenemos esos momentos en que lo pensamos. Sería mejor formularlo de una de las siguientes formas: *"Para mí, convivir es horrible"*. O *"Convivir puede ser difícil"*.

Puede parecer un detalle cambiar el "es" por "puede ser" pero es un mundo de diferencia. Con el "es" la gente no se puede conectar, con el "puede ser" sí. Porque todos vivimos malos momentos en la convivencia o conocemos gente que lo pasa mal.

Otro ejemplo de una premisa no universal: *"Las suegras son geniales"*. La mayoría de la gente tiene otra opinión y no te van a seguir en tu razonamiento. Esta premisa genera una desconexión.

Si querés decir que tu suegra es diferente hay que aclararlo. Pero ya sería más el pie del chiste y ya no la premisa. Mejor sería: *"Milagros existen"*. (Premisa), *"Mi suegra es genial"* (pie).

La premisa tiene que ser verdadera y/o creíble

La premisa (y el pie) tienen que decir la verdad, parecer verdadero y/o ser creíble.

No es necesario que pienses realmente lo que decís y que te haya pasado lo que estés contando, pero el público tiene que creer que realmente pensás lo que estás diciendo o que realmente lo hayas vivido.

La gente tiene que pensar por lo menos: "Sí, puede ser". No tienen que estar de acuerdo con lo que decís, tienen que poder creer que vos lo pensás.

En la premisa no buscamos hacer reír. La sorpresa tiene que estar en el remate y no antes. Sino el público siente que tratamos de ser graciosos.

Ejemplo de una mala premisa:

*"El otro día estuve en una fiesta y besé a dos enanos"*. Si no instalaste antes que tenés una vida llena de fiestas locas, nadie te va a creer y va a parecer que inventás cosas para hacerte el interesante o el gracioso.

*Cuando hablamos de nosotros mismos.*

Lo que dice un comediante tiene que ser congruente con la imagen que transmite.

Por ejemplo:

—No podés decir que sos pobre y estar vestido con un traje Armani al mismo tiempo.

—No podés decir que no tenés éxito con las mujeres si sos fachero.

Aunque puedan ser verdades, no son creíbles. Si son verdaderas, hay que explicarlo para hacerlo creíble.

—Podés explicar que tu primo rico te prestó el traje de Armani para actuar. Pero todo tiene que tener un porqué. ¿Por qué te prestó el traje? Si solo te pusiste el traje porque tu primo lo prestó y no hay ninguna otra explicación (graciosa), es mejor ni ponerte el traje.

—Podés explicar que no tenés éxito con las mujeres porque no lográs pronunciar una palabra en presencia de ellas.

Si querés llegar rápido a la risa, es más fácil usar la imagen que tiene la gente a primera vista. Para eso es importante saber qué imagen transmitís al público. Lo vemos más adelante.

### ¿Las premisas pueden ser trilladas?

La premisa puede ser trillada. Ya está todo hecho, si no es en Argentina, será en otro país. Se puede hablar de cualquier tema (ya usado o no por otros comediantes), lo importante es que el comediante sea original en su punto de vista, que le dé otro enfoque. Lo que sí hay que evitar es que el remate sea trillado.

Un comediante tiene que ser especialmente original en su presentación (los primeros minutos). Puede ser desde su forma de ser o desde el tema que aborda. Una vez que haya conquistado al público desde un lugar diferente, ellos van a querer saber su opinión sobre el amor, los hombres, las mujeres, la convivencia, Farmacity, el supermercado chino...

### Las premisas no pueden ser demasiado específicas

Una premisa muy específica pasa a ser un pie. No podemos hablar de algo concreto sin haber anunciado de qué vamos a hablar, si no la gente no puede seguir.

En la premisa se busca algo general, que el público entienda, con lo cual se puede identificar. En el pie el comediante demuestra como lo anunciado en la premisa, que se aplica a su vida.

Por ejemplo, decir que *"convivir con una mujer es difícil"* es una buena premisa porque todos podemos identificarnos. Decir que *"convivir con tu mujer es difícil porque siempre se queja de vos"* ya pasa a ser un pie porque no necesariamente es el caso de todos.

## Conclusión

En la premisa el comediante busca generar interés y conexión. Para eso tienen que surgir de una verdad o ser verdaderas, creíbles, concisas, precisas y universales. En la premisa no se busca ser gracioso.

# CAPÍTULO 3

# Más sobre el Remate

El remate genera la risa y esta puede surgir a partir de la sorpresa, vergüenza, identificación, exageración, burla de uno mismo, burla de una autoridad...

## 1. La sorpresa

¡La sorpresa es fundamental para generar la risa! En el siguiente capítulo veremos los tipos de remates que generan sorpresa. La dificultad está en saber hasta dónde podemos estirar la sorpresa. La distancia entre la premisa y el remate tiene que ser justo.

Porque si esa distancia es demasiado corta, el público ve venir el remate. Y si es demasiado larga, es poco creíble. Desde lo teórico no es fácil de entender. Es algo que se va aprendiendo, probando material con el público.

Cuando exageramos un remate, muchas veces el público sabe que lo estamos haciendo y lo acepta. Hay un límite muy fino entre algo gracioso o algo tirado de los pelos. Hay que ir buscándolo.

## 2. La exageración

Para generar risas, hay que exagerar, "irse un poco al carajo". Cuando te aferrás demasiado a lo real, a lo que en verdad pasó, los chistes pueden quedar pocos eficaces por la falta de sorpresa.

En general la premisa y el pie son verídicos y exageramos en el remate.

### 3. La palabra más graciosa va al final

La palabra más graciosa, la que genera la risa, siempre tiene que ir al final del chiste o entre las últimas tres o cuatro palabras.

Por ejemplo, en el siguiente chiste, vemos un esquema que no es correcto:

*"Muchas veces lo que más te gusta de alguien al principio, después de un tiempo es lo que más te molesta. Ahora decís es re puta y antes decías que era muy sociable".*

Lo que genera la risa es: *"Ahora decís es re puta"*, entonces hay que ponerlo al final, especialmente la palabra "puta":

*"Muchas veces lo que más te gusta de alguien al principio, después de un tiempo es lo que más te molesta. Antes decías que era muy sociable, ahora decís que ¡es re puta!".*

### 4. La palabra graciosa no puede aparecer antes

Es mejor que la palabra que genera la risa no esté en la premisa o en el pie, así genera más sorpresa y más risa.

### 5. Tipos de Remates

Hay varios tipos y estructuras de remates. Todos tienen esa particulari-dad que generan sorpresa y risa. Cuando estés escribiendo, puede ser de gran ayuda tener la lista (de tipos de remates) cerca para inspirarse.

<u>La regla de 3</u>

La regla de 3 es la estructura más simple para generar sorpresa.

Son tres elementos en una lista: las primeras dos ideas son similares (pue-den no ser graciosas) y la tercera rompe la lógica de las anteriores, generando risas. Siempre se usan tres elementos porque es la cantidad de cosas que es más fácil para recordar (para el público) y hay algo mágico con el ritmo de 3 que no se sabe bien por qué, pero en el humor funciona.

La línea de 3 es muy fácil de aplicar a características de alguien o algo (personas, animales, empresas, productos, costumbres, canciones, nombres, lugares…).

Se pueden hacer líneas de 3 con palabras y hasta con frases enteras.

Por ejemplo:

*"Perder peso es simple. Solo tenés que comer menos, ejercitar más, y pagar a la NASA para vivir en su habitación sin gravedad". -Anónimo.*

Las dos primeras ideas son formas obvias y conocidas para perder peso. Es importante que esas ideas estén instaladas en la gente. Así la gente sigue el razonamiento y espera un tercer elemento que sigue la misma lógica. Como la tercera es absurda (porque es casi imposible de lograrlo): sorprende. Además confirma la premisa y lo que todos pensamos: no es fácil perder peso y se necesitan medidas extremas. Claramente la premisa acá es irónica.

Más ejemplos:

*"No hay final feliz con la cocaína. O te morís, o vas en cana, o se te acaba".* –Sam Kinison

*"Yo (Kristof) soy el típico norte europeo: alto, rubio y con olor a chivo".* –Kristof Micholt

*"En Argentina, en la escuela, enseñan los héroes de la patria: los que ganaron a los españoles y a los ingleses como Belgrano, San Martín y Maradona".* –Kristof Micholt

*"Los Caribeños hacen todo con onda. Caminan con onda, hablan con onda, hasta mean con onda".* –Kristof Micholt

La regla de 4

Una línea de 4 también puede funcionar pero tiene que ser muy concisa (sino la gente se pierde).

Por ejemplo:

*"El producto más típico de la ciudad de Brujas en Bélgica es el encaje. Es un tejido muy fino, hecho a mano, por mujeres, en Taiwán".* –Kristof Micholt

Enumeración

Es una variante que busca la saturación. La clave está en la musicalidad y el timing.

Ejemplo:

*"Después del parto ¡no cagás más! Yo probé todo: cereales, ciruelas, dulcolax perlas, supositorios de glicerina y agarol sabor vainilla, pizza Ugi's. Nada funcionó, me compré un enema".* —Marina Tanzer

## Comparación

El remate compara una situación con otra buscando similitudes en ambas. Se trata de buscar una metáfora que genera un efecto cómico.

Por ejemplo si querés decir que dejar de fumar es difícil, podés pensar en compararlo con otras cosas difíciles. "Dejar de fumar es más difícil que...

—... leer sin anteojos.

—... hacer que un adolescente cuente su día.

—... hacer que te obedezca tu gato".

A veces la comparación en sí misma ya genera risa y a veces hay que explicarlo o ejemplificarlo:

*"Las mujeres son como la policía, pueden tener toda la evidencia del mundo pero igual quieren la confesión".* —Chris Rock

*"En Brujas (ciudad medieval en Bélgica) todo es viejo. Para mí es como Disneylandia para jubilados. Solo falta Mickey Mouse en silla de ruedas".* —Kristof Micholt

(La comparación es entre Brujas y Disneylandia. Se agrega lo de Mickey Mouse para hacer la imagen más fuerte).

Más ejemplos:

*"Bélgica es muy chico. Es como el toilette de Europa. Solo vas, si no te queda otra".* —Kristof Micholt, (se compara un país —Bélgica— con un toilette).

*"Bélgica es un país chico y gris pero tiene lindas ciudades, buena comida. Te sorprende. Es como un enano con pene grande. Decís: "¡Upa, no me lo esperaba!"* —Kristof Micholt

Luis Rubio hace muchos chistes de comparación con las puteadas a Eber Ludueña y con los equipos de fútbol.

Ejemplos de las puteadas:

—*"Tenés menos cierre que un jogging"*.

—*"Ludueña, cerrás menos que Farmacity"*.

—*"Ludueña, regalás más pelotas que Olé"*.

—*"Tenés menos recorrido que el trencito de Puerto Madero"*.

Ejemplos de los equipos:

—*"Le dicen infidelidad al equipo de San Lorenzo de Bauza. Es mejor que te lo cuenten y que no lo veas"*.

—*"A Gimnasia le dicen Bariloche. Solo sirve para divertir a Estudiantes"*.

—*"A Vélez le dicen Fortín. Porque son cuatorce los hinchas, fourteen, cuatorce en inglés"*.

—*"A Arsenal le dicen fiebre. Si son 40, son muchos"*.

—*"A Argentinos Juniors le dicen Flor de la V. Aunque no quieras, siempre va a ser un chico"*.

## Cuestionamiento o Hipótesis

Se cuestiona algo que resulta cotidiano pero no tiene sentido, o bien se plantea una nueva afirmación que es graciosa por sí mismo.

Ejemplos de cuestionamiento:

*"Los bomberos usan un caño para bajar. Si es tan importante bajar rápido, ¿por qué están arriba?"* —Theo Maassen

*"El apéndice, ¿por qué Dios lo pondría dentro de nosotros cuando no hace absolutamente nada, excepto, de vez en cuando, matarte sin el menor motivo"* —Dara Ó Briain

Ejemplo de hipótesis:

*"¿Por qué cuando alguien se muere en una película, siempre va al cielo en escalera mecánica? ¿Será que el cielo queda en el patio de comidas del shopping?"* —Kristof Micholt

## Exageración

Se enuncia la premisa y se busca la exageración hasta el absurdo.

Ejemplos:

*"Vivo en un barrio tan jodido que te pueden pegar un tiro mientras te están pegando un tiro".* —Chris Rock

*"Mi cuerpo se está viniendo abajo tan rápido que mi ginecólogo usa casco".* —Joan Rivers

*"Está tan viejo que cuando pide un huevo cocido por 3 minutos le piden el dinero por adelantado".* —Milton Berle

## Cambio de sentido

El pie va por un lado y el remate por otro totalmente diferente. La clave está en que quede bien definida la dirección del pie para que sea notorio el cambio de sentido en el remate.

Ejemplos:

*"Tengo un intenso deseo de retornar al útero. Al de cualquiera".* —Woody Allen

*"¿Conocen esa mirada que tienen las mujeres cuando quieren sexo? Yo tampoco".* —Steve Martin

*"Escribí algunos libros para niños... sin querer".* —Steven Wright

## Mix

Plantea un paralelismo entre dos mundos o situaciones muy diferentes.

Ejemplo:

*"Almorcé con Garry Kasparov (campeón de ajedrez) y habían puesto un mantel a cuadrados blancos y negros. Le pedí que me pasara la sal y demoró 45 minutos".* —Tim Vine

## Acting

En el acting se actúa el remate, se muestra la situación generada en la premisa y el pie en lugar de decirlo. El acting hace que el público imagine vivamente la situación. Da pimienta al chiste y rompe con la monotonía del monólogo. El acting trae el momento al presente, al aquí y ahora y la gente se lo puede imaginar mucho más fácilmente.

Muchas veces el acting toma la forma de un diálogo entre dos personas (aunque a veces puede haber solo una, también puede ser una conversación con un animal u objeto). El comediante hace el papel de ambas personas. Puede ser solo una frase o dos, también puede ser toda una conversación y a veces solo es un gesto o una mirada.

Ejemplo:

*"Cuando llegué al aeropuerto no aparecía mi valija, entonces fui al servicio de clientes y el tipo me preguntó:*

*(Empleado del aeropuerto): "Pero señor, ¿su avión ya aterrizó?" (Yo) "No, yo me bajé antes".* –Kristof Micholt

No hace falta ser un gran actor para hacer un buen acting. El hecho de poner el remate en un diálogo ya lo hace mucho más dinámico y vivaz. Si no quedaría así: "Cuando llegué al aeropuerto no aparecía mi valija, entonces fui al servicio de clientes y el tipo me preguntó si ya había aterrizado mi avión. Entonces le contesté que no, que me había bajado antes".

## Oneliner

El chiste se engloba en una sola oración. Es un formato que utiliza al máximo el concepto de "economía de las palabras". Es difícil de lograr pero muy efectivo.

Ejemplos:

*"Un hombre es tan fiel como sus opciones".* –Chris Rock

*"¿Por qué no hacen todo el avión del material de la caja negra?"* –Steven Wright

*"El curso de cómo sobrellevar decepciones, fue cancelado, otra vez"* –Herman Finkers

*"Yo nunca fui el preferido de mis padres, y eso que soy hijo único".* –Hugo Fili

## Juego de palabras

Se juega con los diferentes sentidos de una palabra.

Ejemplo:

*"Acostate en tu estufa a leña; vas a dormir como un tronco".* –Ellen DeGeneres

Es muy efectivo combinarlo con un cambio de sentido. En la primera parte de la oración enunciás una palabra, dejando entender que estás usando una determinada línea pero después resulta que es otro.

Ejemplo:

*"Soy de Morón. Morón tiene una característica muy especial: 4696".* –Mariano Potel

## Literalidad

Juega con la literalidad de lo que se dice.

Ejemplo:

*"Fui al video club y le dije al hombre que quería alquilar Batman por siempre. Me dijo: 'No, tiene que devolverla el domingo'".* –Tim Vine

Muchas veces rompe con frases de uso cotidiano pero que no representan textualmente lo que dicen las palabras.

Ejemplo:

*"En Argentina se usan muchas metáforas. Yo pregunto algo muy simple, por ejemplo: "¿Cómo llego a tal lugar?" Y me contestan: "Te la debo". (Y yo contesto) "Y te la voy a cobrar".* –Kristof Micholt

## Sobre-remate

El sobre-remate consiste en agregar un remate más al chiste, a partir de la misma premisa, y que vuelve a sorprender. Se pueden agregar varios sobre-remates al mismo chiste. Esto permite tener muchas risas seguidas porque el tema ya está instalado.

En lo ideal, cada sobre-remate es más fuerte que el anterior, así la risa va creciendo hacía un clímax.

Ejemplo:

*"Nadar es bueno, especialmente si uno se está ahogando. No solo uno hace ejercicio cardiovascular sino que además uno no se muere".* –Jimmy Carr

La comediante Phyllis Diller está listada en el Guiness, por tener más risas por minuto. Hace 12 chistes de comparación con la gordura de su tía. Son 12 remates sobre la misma premisa: *"Mi tía es tan gorda... ¿cómo lo puedo describir?"* No pongo todos los remates acá porque la mayoría tienen que ver con cosas típicas de Estados Unidos y no son traducibles. Acá va uno: *"Es tan gorda que cuando se vestía de blanco, le proyectábamos una película".*

## Callback

En el callback se retoma el remate de un chiste anterior. Para que funcione, tiene que haber funcionado antes. Genera mucha complicidad con el público. Es fácil de hacer y muy eficaz.

Puede ser un remate del monólogo propio o de un comediante anterior en el show.

El callback es ideal para cerrar un monólogo porque genera una risa fuerte y da en sentimiento de redondeo, de cierre.

Ejemplo:

Yo (Kristof) digo al principio de un monólogo:

*"Las mujeres de Bélgica tienen muy baja auto-estima. Cuando una belga tiene un tipo lindo con pene grande y erecto delante de ella, dice: −No me lo merezco".*

Y casi terminando vuelvo a usar el mismo remate:

*"Estuve con una chica que para mí tenía los pechos más lindos del mundo. Cuando las vi, dije: −No me las merezco".*

En el primer chiste instalé que las mujeres de Bélgica tienen baja auto estima. En el segundo chiste, vuelvo a usar el mismo remate para decir que yo también tengo baja auto estima. O sea en ambos chistes la idea es la misma, aplicada a personas diferentes.

En general el callback aparece solo cuando ya tenemos una buena cantidad de chistes.

## Running gag

El Running gag es un remate recurrente que aparece varias veces en el monólogo (es lo mismo que un callback pero se repite más de una vez).

Por ejemplo:

*"Paso mucha vergüenza cuando no logro abrir una puerta y mucha gente me ve. ¿Entonces qué hago? Me desmayo".* −Kristof Micholt

Más adelante en el monólogo cada vez que siento vergüenza, me vuelvo a desmayar.

*"Cuando agarro un juguete y comienza a hacer ruido y música. La gente me mira como si fuera pedófilo. Y me desmayo".*

*"Cuando estoy discutiendo con alguien y me doy cuenta que el otro tiene razón. Ahí me pregunto: ¿le doy la razón o me desmayo?"*

*"Cuando tu mujer te pide de decir un defecto de ella. Primero le das muchos cumplidos y después... te desmayás".*

Cuando logramos instalar un running gag, ya funciona sin tener que hacer un chiste. Simplemente por decirlo, la gente se ríe.

# CAPÍTULO 4

# Armar tu monólogo

## 1. Sobre qué hacer chistes

<u>Primero hay que ganarse al público</u>

¿Se pueden hacer chistes sobre cualquier tema? ¡En teoría sí! Se puede hablar sobre cualquier cosa, siempre y cuando hayas ganado la simpatía del público. Lo primero que hay que lograr es que el público te quiera como comediante. Una vez que hayas conseguido / alcanzado eso, podés hablar de (casi) cualquier cosa.

Hay chistes que son perfectos para ganar la simpatía del público y hay chistes que funcionan cuando ya la hemos ganamos.

¿Por eso hay que complacer al público? No, hay varias formas para ganar la simpatía del público. Se puede hacer a través de la simpatía pero también a través de la autenticidad (ser sincero con tus sentimientos y opiniones), el carisma o el coraje (animarse a decir lo que muchos piensan).

Para ser simpático no hace falta decir cosas simpáticas, la forma es más importante. Un comediante puede decir muchas cosas con una sonrisa, lo importante es no generar adversidad en el público.

Una muy buena forma para ganarse el público de entrada es cuando un comediante se burla de sí mismo. Cuando el comediante muestra humildad y autocrítica, después puede decir cualquier cosa.

<u>Burlarse de uno mismo como regla general</u>

Para ganar la simpatía del público, siempre es mejor que el comediante se apropie la parte ridícula, que el chiste esté en él.

Por ejemplo querés hablar sobre la reacción de la gente cuando se caen en la calle. Es mejor decir que vos te caíste en la calle y pusiste una cara rara o que vos tuviste una reacción estúpida cuando otra persona se cayó, que poner esa parte en otra persona.

## Burlarse de una autoridad

Cuando nos burlamos de alguien, siempre lo podemos hacer desde abajo hacia arriba. Al revés quedás como una persona muy antipática y creída.

Así por ejemplo un empleador no puede burlarse de sus empleados pero un empleado sí de su jefe. Un político no se puede burlar de los ciudadanos pero los ciudadanos sí de los políticos y así (propietario-inquilino, policía-ciudadano, maestros-alumnos…).

## Hay que tener el permiso para hablar de ciertas cosas

El público solo da el permiso a ciertos comediantes para hablar de ciertos temas. Si un comediante no respeta esa regla, el público lo puede percibir como arrogante, creído y en algunos casos racista, fascista, machista…

Así solo…

—los gordos pueden hablar de ser gordo.

—los pelados de ser pelado.

—los judíos de ser judío.

—la gente petisa de ser petisa.

—las mujeres de no tener mucho busto.

—los hombres de tenerlo chico.

Más allá de que un comediante puede hacer uno o dos chistes aislados sobre estos temas, el público no se copa cuando hace todo un monólogo desde esa perspectiva. Y si se hacen chistes con estos temas, pueden funcionar cuando el comediante se pone en la situación del ridículo, el que mete la pata.

## Temas cotidianos y universales

Como ya mencionamos en la introducción, el Stand Up es tan popular porque a la gente le encanta que los comediantes hablan de cosas que tienen que ver con sus vidas, con las cuales se pueden identificar y así pueden hacer catarsis a través de la risa.

El público disfruta mucho de la sensación: "Es verdad, siempre lo pensé o lo sentí así pero nunca lo puse en palabras y menos de forma graciosa".

Una vez que un comediante ya "se ganó" al público puede ir hacia temas diferentes pero al principio es importante generar un vínculo y esto es más fácil a través de temas universales como ir a un bar/restaurante, la farmacia, el supermercado, enamorarse, ser soltero, ir a un casamiento, las fiestas familiares, los padres… porque todos lo vivimos y sabemos de qué habla el comediante.

## Ser auténtico

El público aprecia mucho la honestidad y la vulnerabilidad. Cuando un comediante se anima a hablar sobre temas que le dan vergüenza, tiene el público de su lado. Así además el Stand Up se vuelve terapéutico, tanto para el comediante como el público.

## El Stand Up puede ser terapéutico pero no es terapia

Para hacer Stand Up no alcanza con revelar tus intimidades más vergonzosas, siempre tiene que haber un chiste. El público aprecia mucho cuando un comediante se muestra vulnerable pero con eso no alcanza, si solo fuese eso, termina siendo patético.

## Hay límites

¡No se puede hablar de cualquier cosa a cualquier público! Por más que el comediante se haya ganado la simpatía del público o por más sincero que sea, hay temas que no van a entrar porque el público tiene otro perfil. Por ejemplo será muy difícil hacer chistes sobre WhatsApp si la mayoría de la gente en el público tiene más de 65 años y no sabe usar el WhatsApp.

Y más allá de que se puede explicar que es WhatsApp y cómo funciona, nunca va a ser tan gracioso como para la gente que sí lo usa. El comediante puede explicar ciertas cosas, como por ejemplo también la historia de una película, pero tampoco sirve hacerlo demasiado porque el público se cansa.

Hay que saber adaptarse al público. De un lado es importante que el comediante "defienda" su material. Que tenga la actitud: "Esto es lo que tengo para decir, ¡síganme!" Pero del otro lado puede pasar que un público no puede seguir, porque no les interesa el tema, no es parte de su vida. No se pueden esperar milagros.

Algunos ejemplos de temas que son solo para ciertos públicos: los videojuegos (los jóvenes), la convivencia (personas que han convivido), tener hijos (los padres), envejecer (dependerá del público. Si tienen más de 50, no se van a conectar tanto con envejecer a los 30), irse de vacaciones a Miami/Europa (para gente que puede viajar).

### El cáncer

El cáncer es el tema más difícil. Porque cualquier persona tiene a alguien cercano que tiene, tuvo o ha fallecido a causa de esta enfermedad. Creo que solo comediantes que tienen o padecieron cáncer, pueden hablar de ello. Y hasta ahí porque, hay mucho riesgo que el público se bajonee. Con el sida por ejemplo es diferente, porque no hay tanta gente directamente afectada y además hoy en día ya no es una enfermedad terminal. Igual es delicado.

### 2. ¿Dónde buscar la inspiración?

¿La mente en blanco? ¿La hoja en blanco? ¿Qué hacer cuando no se te ocurre nada para escribir un chiste?

En el momento de escribir material es muy importante no reprimirse y dar rienda suelta a la imaginación. Después analizarás si el chiste puede ser gracioso o no. Tampoco hay que sobre analizar porque así nada te va a resultar gracioso. Y al final es el público que decide lo que es gracioso o lo que no. Pasa que cuando "trabajamos" demasiado un chiste, ya no le vemos la gracia nosotros mismos. Por eso a veces es mejor dejar un tiempo entre escribir un chiste, trabajarlo y volver a tomarlo una semana o un mes después.

### Obligarse a escribir

A algunos les encanta escribir y lo hacen con placer todos los días. Es la minoría. La mayoría necesita sentir presión para ponerse a escribir y ser creativo. Entonces hay que obligarse. Te podés anotar en un Open Mic o algún curso (de Stand Up o escritura humorística) o contratar un coaching privado o te podés juntar con un compañero.

Es importante saber cuándo vas a hacer algo con el material que estás escribiendo sino se pierde la motivación. Los profesionales toman la escritura de material como un trabajo. Por ejemplo Fontanarrosa tenía una oficina donde cumplía el horario de 9 a 18hs, todos los días. Otro ejemplo es el de Seinfeld. Él se obliga a escribir mínimo una hora por día. Se siente detrás de su computadora a las nueve de la mañana y se obliga a no moverse y no ponerse a hacer otra cosa durante una hora. Apaga internet, el celular, y evita distracciones en general.

El estado gracioso

A todos nos llegan las ideas en momentos y circunstancias diferentes. Todos tenemos nuestros momentos de inspiración. Hay que ser consciente de cuáles son para poder buscarlos cuidadosamente y generar ese estado gracioso cuando queramos.

Cuando aparece una buena idea para un chiste. Tratá de recordar en qué momento fue: ¿Dónde estabas? ¿Qué estabas haciendo? ¿Qué veías? ¿Qué escuchabas? ¿Qué sentías? ¿Estabas solo o con gente? ¿Y cómo hiciste para no olvidarte de la idea?

En general las ideas no llegan cuando uno está sentado detrás de una computadora (aunque pueda suceder). Vienen en otro momento. Puede ser bajo la ducha, viajando en auto o colectivo, antes de dormir en la cama o cuando recién se despiertan… Después esa idea se trabaja en la computadora o un bloc de notas.

Probablemente las ideas no vienen mirando el celular (algo que hacemos ahora cuando antes nos poníamos a pensar, soñar… como en el colectivo, subte, tren…), aunque siempre te puede haber algo que te inspire como un mensaje o un video.

## Estar atento y observar

Un comediante es un agudo observador de la sociedad y las cosas cotidianas. Siempre se pregunta por qué las cosas son como son y por qué las cosas se hacen como se hacen.

También podés anotar todas las preguntas tontas que hace la gente y las cosas raras que observás.

## La búsqueda

Se puede hacer una búsqueda de material, por ejemplo en google. Si sabés sobre qué querés hablar, podés buscar comentarios y experiencias de otras personas con esa situación, que te pueden inspirar para un chiste.

¡No se pueden robar chistes de otros comediantes! Pero sí se puede mirar a otros comediantes, ver de qué hablan y preguntarte, ¿qué te pasa a vos con ese tema?

También podés buscar en tus propias experiencias, sabiendo que el humor sale de los momentos difíciles, del dolor, de la vergüenza, la incomodidad, del odio... ¿Cuáles fueron estos momentos en tu vida?

## Actitudes básicas

¿Te gusta trabajar con una hoja en blanco? Podés elegir cualquier tema y preguntarte qué te pasa, aplicándoles las actitudes básicas...

–Odio...

–Que raro...

–Es muy difícil...

–Me parece estúpido...

–Me da miedo...

–Me pone incómodo...

–Me da vergüenza...

El Comedy Buddy

Para escribir material de Stand Up, recomendamos trabajar con un compañero de ruta o como dicen en inglés un "Comedy Buddy".

Está bueno tener a alguien con quién intercambiar ideas. Así vas a llegar mucho más preparado a un show u Open Mic y le vas a sacar más provecho.

Tal vez no tanto por la parte graciosa (o sea el remate) porque una persona sola no puede juzgar si algo es gracioso o no (no representa a todo un público) pero por lo menos te puede decir si la premisa y el pie son claros (si el chiste se entiende). Ya es mucho.

Hay que tener en claro que decir un chiste para una persona es muy diferente a decir un chiste en un show de Stand Up, armado para eso y con un público de verdad (digamos mínimo 15 personas). Se tiene que generar un clima para que un chiste brille.

Se tiene que elegir con cuidado a esa persona. Porque hay gente que te hace sentir más gracioso (bienvenido) pero también hay otros que logran todo lo contrario, que critique de manera poca constructiva y de esa manera te saca toda la confianza.

Lo mejor es buscar a alguien que esté en la misma (o sea no un amigo o familiar y que hace Stand Up también), que te ayude a pensar y a mejorar tu material. Porque si solo usás a alguien para probar tu material, que no sabe de Stand Up, no tiene idea de lo difícil que es, y no entiende el proceso de escribir un chiste, va a resultar muy frustrante.

Si no se te ocurre nadie, seguro podrás encontrar a otro comediante que está en lo mismo (por ejemplo en un Open Mic). ¡Hablá con tus colegas!

## 3. ¿Cómo ordenar un monólogo de Stand Up?

El orden del monólogo es muy importante para captar la atención del público y para mantenerla.

Según la calidad del material

Un comediante siempre trata de abrir y cerrar fuerte. Por eso pone sus mejores chistes al principio, para ganar la confianza del público, y al final, para que el público se vaya con la mejor sensación posible y con ganas de volver a ver al comediante.

Por eso al comediante le conviene ordenar su monólogo de la siguiente forma matemática:

1-3 – 5 – 4 -2. El 1 sería el mejor chiste y el 2 el segundo mejor chiste. En el medio conviene ir intercalando material efectivo con material menos efectivo. Los números pueden representar un chiste o un bloque de material porque no siempre es posible ordenar los chistes individualmente.

Lo mejor es no tener momentos flojos en el monólogo, pero siempre hay partes que generan más risas que otras.

## Según el contenido del material

En cuanto al contenido del material, la estructura de un monólogo sigue la misma lógica que una primera cita.

Para entrar en calor, primero nos presentamos (por ejemplo no hablamos sobre cuál es nuestra posición sexual favorita): nombre, orígenes, trabajo... Cuando ya hay un poco más de confianza, pasamos a temas más serios. Hablamos sobre cómo vemos al mundo, nuestras ideas, convicciones, contamos experiencias más personales. Y recién al final de una cita, cuando ya hay mucha confianza, hablamos de las cosas más íntimas y a veces puede terminar en sexo (en el escenario se limita hablar de ello...).

Lo que no hay que hacer por ejemplo, es arrancar tu monólogo hablando del holocausto... El público no te conoce todavía. No se hace en una cita y tampoco se hace en el escenario.

Así como el sexo es el cierre de la cita, el material más zarpado o picante debe ir al final del monólogo, cuando ya te ganaste al público. Antes es demasiado peligroso y podés perder al público aunque los chistes sean excelentes.

Existe la trampa de arrancar con un chiste muy zarpado. Seguro obtendrás una risa, porque sorprende (especialmente cuando ningún comediante se atrevió a lo mismo). La pregunta es ¿Cómo se hace después para mantener la atención del público? Para seguir sorprendiendo al público, habrá que zarparse más y más.

Si solo tenés que hacer 5 minutos, obviamente se puede.

Según el tipo de material

Al principio es muy importante lograr que el público te quiera como comediante. Para eso, lo más efectivo es burlarse de uno mismo, hacer chistes sobre uno mismo (tu apariencia, algún defecto...).

Cuando el público ve que el comediante es capaz de reírse, de burlarse de sí mismo, le da el permiso de reírse de otras cosas, como ellos mismos, la sociedad, los políticos, los famosos...

Esa regla ya no rige cuando un comediante se hizo conocido y el público lo va a ver especialmente a él. Estos comediantes ya no se tienen que "ganar" al público al principio del show.

El público ya sabe qué hace el comediante y por eso lo van a ver. Igual, como cuando volvemos a ver a un amigo, primero hablamos de cosas más triviales antes de pasar a cosas más personales y atrevidas.

## 4. ¿Cómo y cuándo probar material nuevo de Stand Up?

Un show de verdad

Lo mejor es probar material en un "show de verdad" (donde la gente paga una entrada para ver al show y no sabe que los comediantes pueden estar probando material).

No conviene decir al público que vas a probar material nuevo o hacer un chiste nuevo, porque automáticamente sale del rol del público "normal" y se pone en el papel de "juez" (se ponen demasiado exigentes) o "hincha" (demasiado apoyativo).

En un "show de verdad" podemos probar solo un número limitado de chistes nuevos (ya que la gente pagó no podemos arriesgarnos a que no funcionen un montón de chistes).

Tenés que pensar en tu actuación como una cuenta bancaria, siempre hay que buscar mantenerla en positivo de lo contrario te arriesgás a perder la atención de la gente.

Por ejemplo si hacés dos chistes que generan risa, podés tener dos chistes sin risa pero con el tercero tiene que volver la risa sino corrés el riesgo que te dejen de escuchar.

Entonces lo mejor es hacer 3 chistes probados, 2 chistes nuevos, 3 chistes probados, etc.

Siempre conviene meter chistes nuevos entre chistes probados, así das una chance de verdad a tus nuevos chistes. Sabés cuánta risa generan tus chistes probados en general, entonces tenés una referencia para tus chistes nuevos. Si no se rieron con tus chistes probados y tampoco con los nuevos, no podés saber si los chistes nuevos son buenos o malos. Esa noche no funcionó nada.

Otra razón para comenzar con chistes probados es que te sirven para ganar la confianza del público. La gente comienza a reír y piensa: "Esto va a estar bueno". Y se relajan.

Y por último, nos re cuesta tirar los chistes nuevos con la misma actitud que tiramos los chistes probados. Entonces para darles una chance de verdad, te conviene ya tener a la gente riéndose.

## Open Mic

El lugar más obvio para probar chistes nuevos es un Open Mic. Para eso están, y para dar oportunidades de actuar a comediantes nuevos.

Se deben tomar algunas cosas en cuenta cuando probás material en un Open Mic. Lo primero es que pocos Open Mics tienen público de verdad. La mayoría son comediantes (que también van a subir al escenario). Con ellos en general pueden pasar dos cosas: o le ponen mucha onda (demasiado) porque son amigos, compañeros o no le ponen nada de onda (porque ya nada les hace reír, envidia, cansancio o porque van a subir y están pensando en lo que van a decir...).

Y cuando hagas reír a un público de comediantes, existe el riesgo que el material no vaya a funcionar con un público "normal". Los comediantes ya escucharon un montón de Stand Up y ya no se sorprenden tan rápido. Por eso les gusta más el humor absurdo. Lo que para a ellos puede parecer una genialidad, para el público común puede ser algo totalmente sacado.

Por último, los comediantes tampoco son las personas más expresivas. Son capaces de no reírse aunque un chiste les parezca gracioso. Te dicen "ese chiste es gracioso" sin mostrar lo más mínimo de alegría en la cara. Entre comediantes no se genera un clima de verdad de un show de Stand Up.

Puede pasar que haya un Open Mic con gente "normal", con un público de verdad (o sea que la mayoría no sean comediantes ni amigos ni familiares de los comediantes). Pero tampoco son ideales para probar chistes. Seguro que el presentador va a explicar que los comediantes estarán probando material y de vuelta pueden pasar dos cosas: o buscan apoyarte demasiado y se ríen con cualquier boludez o se ponen en el papel de juez pensando: ¿otras personas se reirían de eso?

## Amigos

Se puede probar material en el día a día, por ejemplo con amigos. Lo importante es no decir que estés probando chistes para tu show, porque esto hace que se pongan muy exigentes. No se van a reír. Te van a decir si está bueno o no. Ese comentario no te sirve. Tenés que saber si lo que dijiste les sorprendió y los hizo reír espontáneamente.

Tampoco significa que tus amigos no se rían, que el chiste no es bueno. Puede ser por varias razones. La primera es que no están dadas las circunstancias de un show de Stand Up donde se genera un clima íntimo sin distracciones (en lo ideal). Y la segunda es que tus amigos te conocen. Sabés lo que les hace reír y ellos se ríen porque te conocen y saben cómo sos en ciertas situaciones.

Con un público que no te conoce es diferente. En un show habrá que explicar y contar ciertas cosas personales para lograr que se rían con el mismo chiste.

## A pedido de la familia

¡Nunca pruebes tu material delante de tu familia! Y te lo van a pedir. ¡Sabelo! Es un error que cometen la mayoría de los comediantes novatos. La familia se entera que haces Stand Up, y quieren que les hagas un show "exclusivo". ¡No lo hagas! ¡NUNCA! Siempre es un desastre.

No importa cuánto te lo piden, cuánto suplican.

## 5. ¿Cuándo se termina de escribir un chiste?

La escritura de un chiste o una rutina no termina con probarlo una vez en el escenario, aunque la gente se haya reído (tampoco lo tiramos porque no funcionó la primera vez). Después seguimos puliéndolo y/o buscándole la vuelta. Probamos si hay maneras más eficaces y más cortas para decirlo y obtener una risa más fuerte todavía. En general hay que probar un chiste no menos de 10 veces para quede asentado.

Y a partir de ahí siempre hay que estar abierto a agregar algo más al chiste, algún giro imprevisto sobre-remate o callback. Los monólogos más eficaces se construyen en el tiempo y sobre un material que ya funciona.

El monólogo se puede mejorar de las siguientes formas:

• Sacar todas las palabras que sobran (chistes más cortos significan más risas por minuto).

• Buscar remates más fuertes.

• Agregar sobre remates.

• Agregar actings.

• Mejorar los actings.

• Agregar chistes, a profundizar la idea.

• Agregar call backs.

• Hacer de la premisa ya un chiste con una línea de 3.

Hay que exprimir el material hasta tener una rutina explosiva.

CAPÍTULO 5

# La persona escénica

## 1. La "persona escénica" en el Stand Up

Más que el material, lo que hace diferente un comediante del otro, es su forma de ser: cómo dice las cosas y desde que lugar, o sea la persona escénica. Igual el material es importante, porque la persona escénica se construye en gran parte a partir y a través de él.

La persona escénica es una forma extrovertida, exagerada de uno mismo (donde no dejamos de ser nosotros mismos pero mostramos rasgos y emociones exageradas para buscar la risa).

Muchas veces el título del primer unipersonal de un comediante tiene que ver con esa persona escénica. No es casualidad, el hecho de llegar a hacer un unipersonal, tiene que ver con haber encontrada la persona escénica.

Ejemplos de unipersonales que hacen referencia a la persona escénica:

Malena Pichot: "Concheta pero con gracias".

Juan Barraza: "El buen decir".

Fernando Sanjiao: "Hombre".

Pablo Molinari: "Yo, nerd".

Connie Ballarini: "Sacada".

### Diferencia entre "persona escénica" y "personaje"

La persona escénica no es lo mismo que un personaje.

El término "persona escénica" hace referencia al hecho de que el comediante hace Stand Up desde sí mismo (muchas veces presentando una personalidad "exagerada".) De este modo, el público tiene la impresión que el comediante es en su vida cotidiana tal cual se presenta en el escenario. Hablamos de personaje cuando el público claramente sabe que el comediante está actuando y no está siendo sí mismo. Ejemplos son Luis Rubio (Eber Ludueña) o Pablo Picotto (tiene varios personajes como Titi y Ramiro el Rastafari).

Se puede hacer Stand Up desde un personaje. Tiene un desafío superior. Primero hay que hacer creíble el personaje y para eso se exigen muy buenas capacidades de actuación (y lo tiene que construir a través de la risa porque esto es humor). Una vez instalado y aceptado el personaje, se puede hacer Stand Up desde ahí.

¿Es posible actuar la persona escénica? Sí. Pero tiene que ser actuado de forma tan sutil que la gente no perciba que es un personaje. Al público le gusta pensar que el comediante es tal cual como lo ven en el escenario (lo que nunca es el caso, porque, como ya dije un par de veces, siempre es una forma exagerada de uno).

## 2. ¿Cómo encontrar tu persona escénica?

Al principio es muy importante saber cómo te percibe la gente. Porque cuando un comediante hace un chiste sobre sí mismo, tiene que ser creíble y coherente con su imagen. Sino el público se desconecta. Y eso tiene que ver con su apariencia física, su tono de voz, la forma de hablar, la vestimenta, su energía…

La imagen del comediante impacta directamente en su material. Por eso no puede desconocerse o negarse.

La manera en que el público percibe a un comediante puede corresponder a la verdad o no. Si quiere trasmitir otra imagen, tendrá que hacer un gran trabajo para cambiar esa percepción. Al principio lo más eficaz es tomar la percepción que tiene la gente y agrandarla para poder entrarle de una al público. Después se puede transformar a lo largo del monólogo.

A veces pensamos saber cómo nos ven los demás pero muchas veces estamos equivocados o no tenemos la menor idea. También pasa que los amigos y la familia tienen una imagen muy diferente que la gente extraña. Así que hay que tener cuidado con preguntarle a ellos.

Lo importante es saber cómo te percibe la gente extraña porque en general el público consiste en gente desconocida para el comediante (menos tal vez en las primeras funciones donde te van a ver amigos y familiares).

Entonces hay que entrevistar a gente extraña. Conviene preparar una lista de preguntas para obtener información concreta.

Preguntas:

¿Qué impresión te doy?

¿Cuántos años parezco tener?

¿Pensás que estoy casado/a? ¿Que tengo hijos?

¿Soy rico? ¿Pobre?

¿Ordenado o desordenado?

¿Qué tipo de trabajo pensás que tengo?

¿Te parezco hétero o gay?

¿Soy parecido a alguien?...

Hay que hacer el cuestionario con más de 1 persona y ver las respuestas que más se repiten.


De la imagen a la persona escénica

La "persona escénica" va apareciendo con el tiempo, después de una búsqueda más o menos consciente. Algunos comediantes lo encuentran bastante rápido y a otros les lleva años.

La búsqueda de la persona escénica no es una búsqueda en sí mismo. Es algo que los comediantes tienen que tener presente mientras que se van formando y adquiriendo experiencia. Al principio lo importante es escribir material que te divierte y con el tiempo va a surgir la persona escénica. De a poco aparece del material que mejor te funciona y ahí vas a ir dándote cuenta por dónde ir.

Una vez que un comediante haya encontrado su persona escénica, ya sabe por dónde tiene que ir y es más fácil hacer reír.

La persona escénica no tiene que estar todo el tiempo presente. Aparece y desaparece por momentos. La persona escénica puede ir cambiando en el tiempo porque el comediante también va cambiando: Vive ciertas experiencias, le pasan cosas y/o van cambiando sus intereses. O porque el comediante se siente cada vez más seguro en el escenario y se planta desde otro lado.

### 3. ¿Se puede cambiar la persona escénica?

¿Se puede luchar contra la persona escénica que va apareciendo? Es muy difícil cambiarlo porque está en el público cómo percibe a un comediante y qué les hace reír más. El comediante tiene un poder limitado sobre eso. Se puede cambiar la apariencia física, por ejemplo cambiando la forma de vestirse en el escenario, el corte de pelo, dejar crecer o cortar la barba, ... Ya va ser más difícil cambiar la forma de pararse, de hablar, la energía... pero también se podría.

Se podría buscar otra persona escénica pero para eso hay que saber actuar muy bien. Habría que buscar un personaje (o varios para que quede uno) y es totalmente válido y admirable. La realidad es que para hacer Stand Up no hace falta.

### 4. Los dos tipos de personas escénicas opuestas del Stand Up

Es fundamental entender que en grandes líneas hay dos tipos de personas escénicas opuestas y no se pueden combinar en el mismo comediante.

Hay comediantes que son personas normales en un mundo raro y hay comediantes que son personas raras en un mundo normal. La mayoría son personales "normales" que observan un mundo raro. Ellos buscan más que nada la identificación: hablan de cosas y experiencias que vivimos, vemos, sentimos y escuchamos todos. Más allá de que el comediante pueda tener alguna característica poco común (como la tenemos todos), el comediante dice implícitamente al público: "yo soy como Ustedes".

Del otro lado están los comediantes que son personas "raras" que viven en un mundo normal. Son los "raritos" que tienen un humor más absurdo.

Es más arriesgada esa persona escénica porque es más difícil que la gente se identifique. A lo sumo conocen a alguien como el comediante y se conectan a través de ese vínculo. La ventaja es que ese tipo de "persona escénica" es muy original.

Algunos ejemplos:

Andy Kaufman (EE.UU.), Brian Rullansky (Arg), Felix Buenaventura (Arg), Luis Álvaro (Esp).

# Parte II: Actuación

CAPÍTULO 1
# El comienzo de tu actuación

## 1. ¿Cuándo comienza tu actuación?

Muchas veces el comediante sube al escenario y hace unos pasos rápidos hacia el micrófono como si fuera Usain Bolt, ignorando por completo al público. Parece que, para muchos comediantes, la actuación recién arranca cuando tienen el micrófono en la mano. Pero el público ve al comediante a partir del primer momento que aparece (en el escenario y a veces ya antes) y es ¡en ese momento que arranca su actuación!

### ¿Qué hacer en este trayecto entre subir al escenario y llegar al micrófono?

Tu rutina comienza cuando el público te ve, entonces: ¡velos también! ¡Hacé contacto visual! El público se siente raro si actuás como si no existiera. Miralos, saludalos, gritalos, conectate con ellos. No hace falta hablar, podés hacerlo (si tenés una voz potente o si la sala es chica) pero no hace falta.

Lo importante es conectarte con el público desde el primer momento de lo contrario das lugar a que se pongan a pensar en otra cosa, a mirar sus celulares...

Aprovechá el envión que te da aparecer en el escenario. Por ahí le fue bien al comediante anterior y utilizás esa energía. O por ahí le fue mal y podés aprovechar esa esperanza renovada del público de que el show pueda tomar otro rumbo. Pero no dejes bajar la energía, ignorando al público.

### ¿Se puede bailar antes de agarrar el micrófono

Algunos comediantes bailan antes de comenzar con su monólogo. Está bueno siempre y cuando sea parte de tu rutina. ¡O sea tiene que generar una risa! Puede ser por el baile en sí o por un comentario que hacés sobre tu performance.

Bailar por bailar es raro. No importa si bailás bien o mal. Es un show de Stand Up: la gente pagó una entrada para que los hagas reír y no para que bailes.

## 2. ¿Cómo usar el pie del micrófono en Stand Up?

Parece ser algo poco importante pero saber qué hacer con un pie de micrófono muestra profesionalismo.

### ¿Qué hacer con el pie del micrófono cuando no esté a la altura adecuada?

Cuando el pie del micrófono no está a la altura de tu boca, tenés que ajustarlo (casi siempre será así). Si no lográs hacerlo de manera rápida y eficaz el público puede perder confianza en vos y ni siquiera arrancaste con tu monólogo. Pensarán que tienen un novato delante de ellos y te tratarán así. Entonces, antes del show, hay que investigar cómo funciona el pie. Casi todos son iguales pero con pequeñas diferencias.

Si no lográs cambiar la altura, blanquealo y burlate de vos mismo. Te conviene hacer tu rutina sin el pie porque no se puede dejar el micrófono en una altura que no es la correcta y correr el riesgo de que no te puedan escuchar (por tener el micrófono demasiado lejos de la boca). Además vos mismo lo pasarás muy mal durante tu actuación y eso se notará.

Si estás acostumbrado a usar el pie, hay que aprender a actuar sin él también. Porque puede pasar que estés en un lugar que no tenga pie de micrófono o que se rompa.

### ¿Qué hacer con el pie del micrófono si no lo usás?

Si no usás el pie del micrófono, hay que sacarlo y dejarlo en un lugar que no obstruya la vista del público (para que no distraiga), por ejemplo a un costado. Muchos comediantes novatos sacan el micrófono y dejan el pie donde está… y hacen su monólogo detrás o caminando alrededor del pie. ¡Queda muy poco profesional!

Si te cuesta hacerlo de manera natural, comprate un pie de micrófono y ¡practicá en casa!

¡Tampoco lo lleves muy lejos! Porque genera un tiempo muerto tanto en el momento de alejarlo como cuando lo tengas que volver a buscar después de la rutina. Si la distancia es larga porque así lo requiera el espacio, podés seguir con tu monólogo o hablar con el público de forma natural, así se naturaliza la situación.

### ¡El micrófono tiene que estar en el pie del escenario, delante tuyo, al final de tu último chiste!

Sacar y poner un micrófono en el pie, siempre tiene que ser parte de tu rutina y no un momento de silencio incómodo antes y después de tu actuación. Hay que hacerlo de manera natural mientras que sigas haciendo tu rutina. Se puede hacer varias veces, (puede ser que algunos chistes se tienen que hacer con el pie y otros no) pero al final de tu rutina, antes de que te despidas, el micrófono tiene que estar en el pie.

Sucede a menudo que el comediante termina el último chiste y recién ahí comienza a buscar el pie. Se genera un momento muerto en la actuación. La gente se pone incómoda y el comediante parece un novato/a.

### Si no vas a usar pie del micrófono

Si no usás el pie del micrófono, y el comediante que te sigue tampoco, conviene pasar el micrófono en la mano. Algunos dicen que siempre hay que dejarlo en el pie pero queda un poco ridículo que un comediante deja el micrófono en el pie y lo primero que hace el siguiente es sacarlo.

### ¿Qué hacer si el presentador no te deja el micrófono en el pie?

Puede suceder que querés arrancar tu monólogo con el micrófono en el pie y el presentador te lo da en la mano. Ahí tenés dos opciones: o lo hacés sin el pie (preguntate si es fundamental hacer tu show con el pie) o buscás el pie del micrófono.

De nuevo, ¡no actúes como si el público no estuviera! Pero ahí no te conviene hablar todavía, para instalar bien tu personaje, pero por lo menos miralos.

## Jugar con el cable del micrófono

Muchos comediantes novatos no dejan de jugar con el cable del micrófono: lo agarran, lo estiran... a veces durante toda la rutina. Tratá de no hacerlo y de usar tu mano libre para gesticular. Hay que estar atento desde el principio porque se hace por los nervios pero después, con el tiempo, es muy difícil sacarse esa manía.

# CAPÍTULO 2

# ¿Cómo manejar el miedo antes de subir al escenario?

## 1. ¡Sentí el miedo y hacelo igual!

La pregunta es si se puede sacar el miedo de subir al escenario… y la verdad es que no. Todos tenemos miedo para subir al escenario. Con el tiempo y la experiencia va disminuyendo pero nunca desaparece del todo. Entonces lo mejor es aceptar y abrazar el miedo porque siempre va a estar. Es mejor que luchar contra él porque eso solo hace el miedo más grande.

Escribilo todos los días en una hoja, ponelo arriba de tu cama, o hacete una remera con el texto: "¡Tengo miedo y lo hago igual!"

Para pararte delante de un grupo de gente, necesitás coraje. Si no tuvieras miedo, no necesitarías coraje.

Tener miedo para hablar en público es lo más normal del mundo. ¡Hay gente que teme más a hablar en público que a la muerte! O sea ante la idea de tener que hablar en público, mucha gente prefiere morir. Y eso es solo para hablar, ni siquiera para hacer reír.

## 2. ¿Cómo reducir el miedo?

La buena noticia es que se pueden hacer cosas para reducir el miedo.

Lo primero es entender que el miedo es útil porque te hace ¡rendir mejor! El miedo te ayuda a enfocarte en tu tarea, estar concentrado al 100%, presente en el momento y atento a todo lo que pase alrededor. Y ese sentimiento —de estar presente en el momento— es una de las razones por las que disfrutamos tanto de hacer Stand Up. Es el miedo que hace que hablar en público y hacer reír puede ser tan glorioso y apasionante. El miedo genera adrenalina.

Imagínense que tuvieras asegurado las risas… ¿Qué pasaría? Subirías al escenario sabiendo que se van a reír y en qué momento lo van a hacer. ¿Cuánto tiempo pasará antes de que te aburras? Muy poco. Hacer reír se volvería una rutina y es eso justamente lo que no les gusta a los comediantes: la rutina. Necesitan adrenalina para sentirse vivos. ¿Está mal? Nada es bueno o malo en sí. Mientras que no hagas daño a nadie y lo transformes en algo creativo, está genial.

¡Abrazá al miedo!

La gente a quien le importa poco como lo pasa el público está en su propio mundo y solo le preocupa divertirse a sí mismo. ¿Tienen el derecho de hacerlo? Sí, pero que no se quejen de que la gente no se ríe...

En general los comediantes más miedosos son los que más hacen reír. ¿Por qué? Porque están muy preocupados por la reacción del público. Les interesa mucho lo que piensan de ellos. ¿Una desventaja en la vida cotidiana? Puede ser, pero en el escenario es una calidad.

Haciendo Stand Up, vas a aprender a manejar las expectativas de los demás. Ningún comediante hace reír a todo el mundo. Siempre va a haber gente que piensa que no sos gracioso, por más exitoso que seas.

<u>También el miedo se reduce cuando entendés y sabés que:</u>

—Para hacer Stand Up necesitas coraje. Si no tuvieras miedo, no necesitarías coraje.

—Con cada función el miedo va bajando. Puede volver a subir un poco después de una mala función, pero a lo largo, baja. (Yo, Kristof, tuve miedo durante una semana antes subir por primera vez a un escenario. No podía pensar en otra cosa, no podía trabajar, no funcionaba. Fui un caso extremo pero hoy en día solo me pongo nervioso dos minutos antes de subir).

—Nadie se va a acordar de vos si te va mal. Si son 15, 50 hasta 1000 personas. No es nada comparado con la cantidad de gente que camina sobre este planeta. Si no sos conocido, la gente se va a ir y ni siquiera se van a acordar de tu nombre.

—El miedo y los nervios pueden ser usados a tu favor: puede ser el tema de tus primeros chistes en el escenario (como hacía Woody Allen).

—Si te va mal, tu vida va a seguir igual... (Aunque no lo creas).

–Tus seres queridos no te van a amar menos por no hacer reír (por las dudas, no los invites).

–Cuando te va mal, podés usarlo a tu favor. Lo podés blanquear al público y hacer chistes sobre eso. La gente aprecia mucho cuando uno se arriesga y lo asume cuando no le sale.

–El cuerpo sigue la mente y la mente sigue el cuerpo. Poné tu cuerpo en una posición de confianza y sentirás confianza. Decí frases de confianza (por ejemplo mantras) y tu cuerpo y tu mente van a seguir.

También ayuda:

–Respirar profundo.

–Aceptar que te puede ir mal

–Preguntarte: "¿Qué es lo peor que me pueda pasar?" Lo peor que te pueda pasar es que nadie se ría... ¡Aceptalo! Te va a pasar y te va a seguir pasando. Les sigue pasando a los mejores comediantes (obviamente bastante menos) y si a ellos les pasa, ¿cómo no te va a pasar a vos?

–Tener un plan si va mal. Saber que tu vida va a seguir igual. ¿Qué vas a hacer si te va mal? Subir otra vez y probar otra vez. ¿No? Está el famoso video de Michael Jordan que explica cuántos tiros falló en su carrera: miles. El fracaso es parte del éxito. Es así en deportes y en la vida; y es así en la comedia.

–Burlarte de vos mismo cuando pase. Para ser comediantes hay que aprender a relativizar, especialmente a uno mismo.

–Ensayar mucho. Cuando tenés bien claro lo que vas a decir, tenés una preocupación menos.

CAPÍTULO 3
# Cuando te va mal…

## 1. La importancia de ensayar para la actuación

El miedo no es la única razón porque ensayar es tan importante. Cuanto mejor tenés el texto incorporado, mejor te va a salir la actuación. Porque cuando no tenés que preocuparte por el texto, más presente estás en el escenario.

Tener el texto incorporado, permite enfocarte en otras cosas, como tu voz, tu cuerpo, observar al público…

## 2. ¿Qué hacer cuando nadie se ríe?

Estás haciendo tu monólogo y nadie se ríe… Puede pasar y va a seguir pasando.

En este caso muchos comediantes siguen con su monólogo como si nada raro estuviera ocurriendo, esperando un pequeño milagro (puede pasar que de repente se enganchan con un chiste) pero si no te está funcionando lo que estás haciendo, hay que hacer algo diferente.

Hay días en los que el público está medio ausente o distraído y hay días en que el comediante no está del todo conectado. Cuesta saber cuál es la razón de que nadie se ría en el momento que estás en el escenario pero podés hacer varias cosas.

### Poner más energía

Para despertar al público y a vos mismo como comediante, hay que ponerle más energía, más ganas. Puede pasar que, sin darte cuenta, te hayas subido al escenario con pocas pilas y/o que estés distraído. También puede ser que el público está con sus pensamientos en otro lado. Hablar más fuerte, poner más énfasis en lo que decís (variar el tono), hablar más rápido y usar más el cuerpo, puede dar ese impulso que necesita el show.

Con hablar más rápido, no quiero decir "correr" a través de tu material sin que la gente te pueda escuchar ni reírse. Sugiero poner más ritmo y velocidad a tu monólogo, no deshacerte de él lo antes posible.

## Mirar a la gente a los ojos

Cuando el público esté en otra, hay que buscarlos. Esto se puede lograr a través del contacto visual. En lugar de mirar al público en general, pasás a buscar la mirada de cada persona (obviamente solo un par de segundos). Eso hace que el público se conecte con vos y se hace presente en el momento. Sienten que les estás hablando directamente.

Podés dar un paso más adelante y hasta bajarte del escenario, acercarte a ellos. Esto genera conexión y no les permite irse a otro lado con sus pensamientos.

## Probar otro tipo de material (si tenés)

Puede pasar que al público no le interese o no le cause gracia lo que estás contando por la razón que sea. Tal vez, para el material que estás haciendo, el público sea demasiado joven, grande...

Hay que ir por otro lado, probar con otro material para ver si se enganchan con otra cosa. Si no tenés más material, pasás directamente al próximo paso.

## Hablar y/o improvisar con el público

Si pusiste más energía, estableciste contacto visual, ya probaste tres, cuatro temas diferentes y el público sigue sin engancharse con lo tuyo, no te queda otra que salir de tu monólogo y comenzar a hablar con la gente. Es lo único que te queda para romper la desconexión.

Una vez que hayas logrado la conexión, podés volver a tu material.

Hablar con el público puede tomar una forma muy simple. Por ejemplo si hay un hombre con mucha barba en la primera fila, podés parar y decir:

"Gente, les presento a ¡Jesús!… ¡Les pido un fuerte aplauso para Jesús!" Y seguir con tu monólogo. Se puede repetir cada vez que no te funciona un chiste.

Podés ir más lejos y tratar de improvisar con las respuestas que te dé el público. Ojo, improvisar con el público es muy delicado. Hay que hacerlo de forma simpática y muy respetuosa sino vas a obtener todo lo contrario. Si no sabés improvisar con el público, igual hablá con ellos sin tratar de ser gracioso. No lo vas a hacer reír pero por lo menos podés tener una charla amigable. La gente no fue a un show de Stand Up para una charla, pero es mejor que seguir con tu monólogo que no funciona. Negar lo que está pasando, genera mucha tensión y antipatía. Le gente termina por odiar al comediante que parece no darse cuenta cómo el público la está pasando.

## Blanquear que te va mal

Asumir que no te está yendo del todo bien, hace que el público se relaje. Se dan cuenta que estás presente y que asumís lo que está sucediendo.

Se puede blanquear que te está yendo mal en general o con respecto a algún chiste en particular. En este caso se puede hacer varias veces pero tampoco se puede abusar, como mucho dos, tres veces por monólogo. A menos que quieras basar tu monólogo en eso. Podés ser el tipo que dice chistes muy malos, uno detrás del otro. Si lo asumís y lo jugás bien, la gente va a terminar por engancharse. Hay que bancarse ese personaje del principio al final. Si te sale y te divierte, ¡genial!

## Sufrir hasta el final

Y si probaste todo eso y no te funcionó nada, no te queda otra que sufrir hasta el final… Tratá de tomarlo con humor y nunca pero nunca te enojes con el público.

Si te ponés mal y te enojás, vas a perder toda la simpatía del público. Si lo podés tomar con humor, por ahí tampoco se rien, pero por lo menos podés tener la simpatía del público.

La responsabilidad de hacer reír es tuya. El público ya hizo su parte. Fue, pagó una entrada, se sentó a escucharte, te dio una chance. ¿No les gusta lo que hacés? Puede pasar.

Ya hiciste todo lo que pudiste, no podés hacer más. Terminás tu rutina, saludás y te bajás. Hoy no pudiste hacer reír. Es eso, nada más o nada menos. No hacer reír en un show quiere decir que tuviste un mal día y no que sos mal comediante. Cualquier persona puede tener un mal día en su trabajo. Después podrás ponerte a analizar lo ocurrido y seguro que alguna lección te llevarás.

De vez en cuando te va a ir mal (con el tiempo y la experiencia, cada vez menos). Tomalo con humor, asumilo, atravesalo. Es la mejor lección de humildad.

## Aprender de lo que pasó

Siempre está bueno consultar con tus colegas para ver qué puede haber pasado y cómo se sintieron ellos en el escenario con este público. Son los momentos en que más puedas aprender y crecer como comediante. Aprovechalos. ¿Duele? Sí, seguro. Y es parte de eso.

## La culpa nunca es del público pero…

Casi siempre el comediante será la razón porque el público no se ríe. Pero puede pasar, por ejemplo en un evento, que nadie te dio una chance, ni te escucharon. También es posible que el comediante anterior haya hecho tan mal su trabajo que el público perdió la confianza en él y de paso en todo el show.

Y puede haber cosas que tienen que ver con la organización del lugar. O sea no está bueno buscar excusas pero tampoco hay que autocastigarse cuando la responsabilidad fue un conjunto de cosas. Hay comediantes que piensan que tienen que hacer reír, no importa las circunstancias. Y no es así. Somos personas, no súper héroes.

## 3. ¿Cómo no olvidarse del texto y qué hacer si pasa?

Olvidarse del texto es un miedo recurrente en cualquier persona que se para delante de un público. Es más, muchas personas tienen pesadillas con quedarse boca abierta en esta situación.

### ¿Qué podemos hacer para no olvidarse de *la letra?*

*Ensayar*

Lo primero que puedas hacer es ensayar mucho. Es lo más importante para no olvidarse del texto. Ya explicamos que ensayar mucho, hace que la actuación salga mejor.

Algunos opinan que tampoco hay que ensayar demasiado porque si no se vuelve contraproducente... Esto pasa cuando recién comenzamos a ensayar el mismo día de la función porque los nervios dificultan el ensayo. Cuando el show ya se acerca y no logramos retener el texto, nos ponemos más nerviosos. En ese caso hasta puede ser mejor concentrarse en estar presente en el show.

Lo mejor es dividir las sesiones de ensayo en varias sesiones, sobre varios días. Primero porque a nadie le gusta ensayar y así se hace más ligero. Y segundo porque, por ejemplo, ensayar dos veces 30 minutos en dos días es mucho más productivo que ensayar 1 hora en un día. La noche de sueño hace que el cerebro va procesando el material. Muchas veces pasa que conocemos mejor el texto cuando nos levantamos que cuando nos fuimos a dormir la noche anterior.

Una siesta también puede hacer maravillas.

Comenzar a aprender la letra el mismo día de la función genera muchos nervios y no terminás de incorporar el texto. Algunos necesitan sentir la presión del show que se acerca, para obligarse a ensayar. A ellos seguramente les irá mucho mejor en la segunda función que hacen.

*Justo antes de subir al escenario*

Más allá de ensayar bien, los nervios pueden hacer que en el escenario de repente nos quedamos en blanco. Para evitar eso, conviene ensayar los primeros dos, tres chistes antes de subir; para que estos salgan sin pensarlo. Cuando la gente comienza a reírse, nos relajamos y el resto sale solo.

*Un machete*

También podés llevar una lista como ayuda memoria en tu bolsillo. Tranquiliza un montón saber que tenés la lista encima, y que la podés sacar en cualquier momento. Excepcionalmente hará falta sacarla. Y cuando lo hacés, lo mejor es blanquearlo y hacer un chiste sobre tu falta de memoria.

### ¿Qué hacer cuando te quedás en blanco?

*Blanquearlo*

Cuando te quedás en blanco en el escenario, lo mejor es blanquearlo y burlarte de vos mismo y tu falta de memoria y/o nervios. Si pasa al principio de tu monólogo va a ser más gracioso todavía porque es absurdo que ni te acuerdes de tus primeras líneas. Con la humildad y la autocrítica, ganás la simpatía del público.

*Improvisar*

Otra opción es comenzar a hablar con el público, improvisar chistes con lo que te contesta la gente. Veremos en la parte IV como se hace.

*Estar en silencio*

Y por último podés quedarte en silencio y mirar al público. Si lo tomás como algo normal, el público también lo va a tomar así. Simplemente hay que estar presente en el momento, tratar de relajarse y esperar a que venga el texto. El silencio genera tensión y hace que se van a reír más con tu próximo chiste (se puede hacer un par de veces por show, no después de cada chiste).

## 4. ¿Cómo no pasarte de tu tiempo en el escenario?

Una de las cosas más importantes que espera un club de comedia o un productor de un comediante, es que éste, respete su tiempo en el escenario.

Lo ideal es que el lugar tenga un reloj visible desde el escenario. En este caso lo único que hay que hacer, es fijarte donde está antes de subir, mirar la hora cuando arrancás con tu monólogo y estar atento a no pasarte.

Algunos lugares tienen una luz que te indica cuando se te acaba el tiempo, ¡estate atento!

¿Qué hacér cuando no hay reloj ni luz?

Aunque no haya reloj, la responsabilidad siempre es del comediante de respetar el tiempo que le dieron. Se puede pedir a un compañero que le avise o al sonidista que le pase alguna señal, igual si falla por alguna razón, la responsabilidad es del comediante.

Podés llevar un reloj y mirarlo durante tu actuación. El mejor momento es cuando el público se está riendo o hacerlo con un movimiento natural que (casi) no se nota. Sí o sí, hay que hacerlo de forma sutil para que el público (casi) no se da cuenta. Si te ven mirar más de una vez es raro. Es como un momento muerto, de desconexión con el público.

A vos también, como comediante, te saca del momento cuando tenés que mirar mucho tu reloj.

Lo ideal es tener uno de esos relojes con cronómetro y que vibran cuando se te acaba el tiempo pautado. Así no tenés que estar mirando tu reloj ni a otro lado. Tampoco dependés de otra persona para avisarte. Queda muy profesional.

Hoy en día casi todos los celulares tienen cronómetro con alarma. Se puede instalar que vibre cuando se acabe tu tiempo. Lo importante acá es que no se confunda con un llamado o mensaje entrante, o alguna otra notificación.

Lo mejor es que siempre vibre un minuto o dos antes del final. Así podés redondear lo que estás haciendo. No da cortar un chiste en el medio. Si lo ponés en el tiempo justo, te pasás igual.

**5. ¿Qué hacer cuando alguien o algo interrumpe el show?**

Cuando pasa algo inesperado que interfiere en el show, hay que nombrarlo, blanquearlo, si no el público se puede distraer. Por ejemplo: suena un celular, alguien se levanta para ir al baño, alguien estornuda en forma graciosa… etc.

Si el comediante no hace referencia a eso que está ocurriendo, la gente se queda pensando: "Y el presentador/comediante ¿no lo vio? ¿No va a decir nada?" Si el comediante no lo hace, parece estar actuando en piloto automático y el público puede llegar a desconectarse con él y prestar más atención a lo otro.

En inglés dicen: "Hay que matar el elefante en la habitación". ("You have to kill the elephant in the room".)

El comediante puede improvisar algo en el momento o tener un chiste preparado para cada ocasión.

No siempre hay que decir algo, a veces con una mirada el comediante puede mostrar que vio lo que está pasando. Lo importante es NO actuar como si no hubiera pasado nada.

Solo hay que blanquear las situaciones que el público ve. Porque pueden pasar cosas que solo el comediante nota desde el escenario y para el público pasan desapercibidas. Ahí es hasta mejor no decir nada. Porque si no estás generando un problema que no existe.

Lo aclaramos porque capaz que el comediante que tiene un chiste listo para la situación y quiere aprovechar para meterlo pero si el público no lo vio, habrá que explicarlo y no será muy efectivo.

*Cosas que hay que blanquear:*
- Si la decoración es rara o particularmente fea o chocante (por ejemplo puede haber cabezas de animales).
- Si no hay nadie sentado cerca del escenario (primeras filas vacías).
- Si hay chicos presentes.
- Si hay algún ruido fuerte (de repente o continuo).
- Puede haber un olor fuerte (de la cocina o de otra cosa).
- Si estuviste volanteando o haciendo la caja antes del show.
- Si el escenario es muy alto, muy chico o no existe.
- Si hay afiches del show dentro de la sala (al pedo / estúpido porque la gente dentro de la sala ya sabe que hay show, los hubieran colgado afuera mejor).
- Si hay algo particularmente vistoso como un piano enorme.
- Si la organización es MUY mala. Esto es muy delicado porque no te conviene tener al lugar en contra tuyo pero a veces es tan mala que hay que nombrarlo para tener al público de tu lado (tampoco vas a querer volver a actuar ahí).

- Si alguien llega tarde e interrumpe el show.
- Si suena un celular.
- Si alguien se levanta para ir al baño.

En ciertos lugares prefieren que no molestes a la gente que va al baño o que llegue tarde. Ahí con mirarlos puede alcanzar.

## 6. ¿Cómo tratar a un heckler?

Un heckler es una persona que interrumpe el show. Puede ser que se pone a hablar, gritar o aplaudir cuando no lo tiene que hacer. Corta tu monólogo y distrae al público. No importa cómo está yendo el show, siempre molesta.

De un comediante se espera que sepa manejar este tipo de situaciones, que reaccione con humor y que la resuelva de forma elegante. Si un comediante sale de su papel, puede perder la simpatía del público.

Lo que hay que entender de un heckler es que la mayoría tiene buena intención. Piensan que te están dando una mano, que te están dando pases de gol para que vos hagas reír. Por eso hay que ser simpático con ella (por lo menos al principio).

Obviamente que está haciendo todo lo contrario pero hay que hacerle entender, de forma muy amable, que preferís que no lo haga. Que se tiene que callar.

Lo primero que podés hacer es preguntar qué dijo. Ya en esta instancia, muchos se achican y no te contestan. Quedan como ridículos. Si, si te contestan, repetís en voz alta lo que dijo (para que todos puedan escuchar) y muchas veces suena tan estúpido que también quedan como ridículos. Cuando la gente se ríe, volvés a tu monólogo.

Si no se ríen, tratás de improvisar algo gracioso pero siempre dando de entender que se tiene que callar. Si no va a pensar que justamente te está ayudando y lo va a seguir gritando cosas.

Si la persona te sigue hablando, hay que contestar dos, tres veces de forma simpática. Después ya vale humillarla para que se calle. A esta altura ya vas a tener el público de tu lado. Pagaron para escuchar a los comediantes, no a cualquiera del público.

Ejemplo de hacer callar a alguien del público que trata de ser gracioso:

*"Mirá, el señor hizo un chiste. Qué fenómeno social más raro. El señor pagó una entrada para escuchar los chistes de comediantes. Y mirá que trajimos un montón de chistes pero no, el señor dice, yo voy a hacer chistes. Yo, a veces, voy a una panadería y me llevo un pan. Les digo: creo que el mío es mejor...".*

Cuando tratás de callar a alguien, es mejor no mirarlo. Mirás a los demás en el público para buscar complicidad. Además para la persona que recibe la burla, es menos fuerte cuando no la mirás.

Si esto no funciona, te podés poner más serio y simplemente explicarle que se tiene que callar, que es un monólogo, que es así que funciona el show.

Si todavía sigue molestando, se puede ofrecer de que se vaya y que les devolvés las entradas (nunca lo hacen o si pasa, será dinero bien invertido).

Los peores son los borrachos porque no se puede razonar con ellos y hagas lo que hagas, no se van a callar. Acá hay que apuntar a la gente que acompaña al borracho. Porque con ellos sí se puede razonar (si no están borrachos también) y tratar de que ellos se ocupen de que el borracho se calle.

Si no; habrá que negarlo, seguir con el show como si nada y esperar que el borracho se calle, porque no le prestás atención.

El último recurso es que el lugar saca a esta persona. Lamentablemente eso no está en tus manos. En lo ideal esto fue hablado antes del show con el lugar (la realidad es que muy pocos lugares se hacen cargo de eso).

¡No llamés nunca a un heckler al escenario! Si lo hacés probablemente es porque pensás que podrás humillarlo delante de todos. ¿Y si no lo lográs? ¿Y si lo lográs y la persona se pone violenta? ¿Y si no se quiere ir?

Nunca des tu micrófono a alguien del público, ni debajo del escenario y ni arriba. El que tiene el micrófono tiene el poder, vos sos el comediante, nunca se lo dejes. Puede resultar imposible recuperarlo.

# Parte III: Presentar

# CAPÍTULO 1

# El presentador de un Show de Stand Up

## 1. ¿Qué es un presentador de un show de Stand Up o MC?

En los países anglo-sajones el presentador es llamado Master of Ceremonies. Es la persona que se ocupa del buen transcurso del show.

Es un intermediario entre el público y los comediantes.

Como en Argentina muchas veces los comediantes se presentan entre ellos, podemos decir que el primer comediante del show hace la función del presentador (aunque no haga todas las tareas de un presentador convencional). Para facilitar las cosas, a partir de ahora vamos a hablar del presentador, hablando de las dos figuras.

## 2. Estilos de presentadores
### El presentador ideal

El presentador ideal tiene mucha energía, es extrovertido y posee espíritu de animador. Todas esas cualidades ayudan a romper ese clima frío que puede darse al principio de un show.

La gente está "fría" porque no están metidos todavía en el show: recién llegaron al lugar, tuvieron que estacionar el auto, se apuraron para llegar, dejaron a los chicos solos en casa o con una niñera, tienen problemas en el trabajo o la pareja... sus pensamientos pueden estar en cualquier lado.

Para llevar la atención al show, lo ideal es tener a un verdadero ¡showman! Alguien que hace mucho ruido, histriónico, que se mueve mucho (todo con criterio obviamente) y contagia a la gente con su energía.

<u>¿Si no sos el presentador ideal, significa que no podés presentar?</u>

¡Podés! Solo te puede costar un poco más. Lo importante es ser fiel a uno mismo. Si no va a parecer forzado y poco auténtico. Si es así, el público lo percibe y siente vergüenza ajena.

Si sos un comediante tranquilo, conviene ponerle más onda y energía a tu presentación para generar un clima más festivo: más sonrisa, más voz… pero sin llegar a ser otra persona.

Puede ser difícil meterte en ese ánimo festivo, sabiendo que el público no está así (todavía). Para eso puede ayudar decir lo que querés sentir en voz alta y tu cuerpo seguirá. Por ejemplo:

*"¡Estoy muy feliz de estar acá!"*

*"¡Qué lindo es poder presentar este show!"*

*"¡Muchas gracias por haber venido!"*

Ayuda tanto decir estas frases al público en el escenario como antes de subir a uno mismo (si las circunstancias lo permiten). ¡En voz alta es más efectivo! También podés generar energía en tu cuerpo corriendo, saltando, gritando.

Si no lográs transmitir tu energía al público… ¡No te preocupes! Hay otras formas para generar energía en el público que no sea con la tuya. Lo veremos más adelante.

Una cerveza te puede soltar la lengua pero… ¡Qué no sea más que una! El alcohol te hace dormir. Y como presentador (y comediante) hay que estar muy presente y atento a todo.

### 3. ¿Por qué presentar es tan difícil?

<u>Es un sacrificio</u>

El rol del presentador es subestimado por el público. Porque lo ven como el tipo que solo dice un par de cosas entre los comediantes y está bien que lo vean así. Es su papel.

También es subestimado por los comediantes. Todos saben que es muy importante pero pocos reconocen su trabajo. ¡El presentador es el arquero del

Stand Up! Está al servicio del show porque hace todo lo necesario para que los demás comediantes puedan lucir.

Cuando presentás, casi nadie te toma en serio como comediante, ni los productores, ni los demás comediantes y menos el público… Solo sos el presentador. Como presentador haces cosas bastante diferentes que los demás comediantes y por eso el público no te ve como tal.

El mayor cumplido que podes recibir como presentador es: "Vos también podrías hacer Stand Up".

### Es un oficio

Presentar es un oficio. Hay pocos que lo saben hacer y menos los que lo quieren hacer.

Presentar es una tarea sumamente compleja porque involucra muchas tareas diversas. Tiene una parte bien visible en el escenario y consiste en abrir el show, dar la bienvenida al público, calentarlos, presentar a los comediantes y cerrar el show.

Y cuando no hay productor, el presentador tiene que asumir tareas de él, ya veremos por qué. Estas tareas no están tan a la vista como el contacto con el lugar, el chequeo de sonido e iluminación, el manejo de la energía y de los tiempos.

El presentador no para de trabajar y estar pendiente de todo, antes y durante todo el show: coordina con todos los comediantes como los presenta, chequea el micrófono, la luz, el pie del micrófono…

Encima hace varias entradas, lo que es muy cansador tanto físicamente como mentalmente (especialmente cuando no te está yendo muy bien o no le va muy bien a los comediantes) …

# CAPÍTULO 2

# El presentador como anfitrión

## 1. Dar la bienvenida al público y presentarse

El presentador o MC (Master of Ceremonies) es la persona que abre el show y presenta a todos los comediantes. Es el anfitrión del show. Es el que recibe a la gente, busca hacerlos sentir cómodos y les asegura que lo van a pasar bien.

### ¿Cómo se presenta un Presentador?

Cuando presentás, tenés que decir mínimamente tu nombre y cuál es tu función en el show.

Acá hay una gran oportunidad para vos, como presentador: diferenciarte de los comediantes, diciendo que "solo" sos el presentador. Así bajás las expectativas del público, con respecto a las risas al principio del show.

Lo podés hacer diciendo que vas a presentar a los comediantes (en lugar de decir: "a los demás comediantes"). Así estás haciendo entender que no sos uno de los comediantes y te sacás la presión de tener que hacer reír de entrada. En la misma línea podés decir que "el show está por arrancar" (en realidad arrancó cuando te subiste al escenario), pero así la gente entiende que las risas vienen después.

¿Esto quiere decir que como presentador no tenés que hacer reír? Obvio que sí, pero estás bajando las expectativas y así la gente se ríe más fácilmente.

Igual tu rol principal como presentador no es hacer reír. Tu función es preparar todo para que los comediantes puedan hacer reír lo máximo posible. Esto incluye presentar a ti mismo, presentar a los comediantes, explicar que va a pasar y que se espera del público.

Siempre será mejor si como presentador, podés hacer todo con humor.

## 2. Explicar qué va a pasar

El presentador explica lo que va a pasar y cuáles son las reglas de juego. A la gente le gusta tener una idea de qué va a pasar concretamente, tener cierta estructura. Hace que se relajen y no estén preguntándose cómo funciona todo, cuánto dura el show, si vienen más comediantes... Quieren saber lo que va a pasar y que se espera de ellos. El humor busca sorprender pero dentro de un marco organizado.

### Explicar lo que es el Stand Up

Según el lugar hay que explicar lo que es el Stand Up. No hará falta hacerlo en un lugar donde el Stand Up está muy instalado como por ejemplo el Paseo la Plaza en Buenos Aires. Se trata más bien de lugares donde se hace Stand Up por primera vez.

¿Se pueden hacer chistes de internet para explicar lo que es el Stand Up?

Para mí no. Seguro que puedes escribir algunos chistes propios para explicar que es el Stand Up.

### Cuando se hace Stand Up por primera vez

Si es la primera vez que se hace un show de Stand Up en el lugar, puede ser conveniente explicar ciertas cosas: por ejemplo donde quedan los baños, pedir que aguanten hasta el final del show para ir, explicar si se puede pedir comida y bebidas durante el show y hasta pedir silencio durante los monólogos.

Parecen cosas obvias pero cuando la gente no conoce los códigos del Stand Up, pueden tener la impresión que es todo muy informal y que es un diálogo entre el comediante y el público (porque el Stand Up parece tener esa forma).

En realidad es un monólogo y del público se espera que solo participe cuando se hace una pregunta directa a una persona dentro del público.

## Pedir que se apaguen los celulares

Si no se aclaró antes del show, el presentador tiene que pedir que se apaguen los celulares. Así evita que un comediante tenga que sacrificar tiempo precioso de su monólogo para ocuparse de este tema cuando suene un celular.

Un comediante escribe, prueba y pule su material durante semanas (hasta meses y años) y se obsesiona con cada detalle. Entonces que lo interrumpa un celular (o cualquier otra cosa), lo saca de su contexto, lo desconecta. Es la tarea del presentador de instalar las condiciones ideales para que los comediantes brillen.

Se puede pedir de apagar los celulares de forma graciosa, por ejemplo instalando un castigo para la persona a quien suene el celular. Por ejemplo:

- Que vas a contestar vos si entra un llamado.
- Que vas a llevar el celular a tu casa y/o lo vas a vender en el mercado negro.
- Que lo vas a meter (ya sabés donde) de la persona y después lo vas a llamar.

## Instalar el tema de los aplausos

En Argentina se instaló la regla de cuando aplaude uno, aplauden todos. Es pedir que todos sigan el aplauso cuando aplaude uno. Funciona de maravilla porque los aplausos generan un montón de endorfinas y se instala que cuando un chiste es muy bueno, hay que aplaudir.

## ¿Por qué es tan importante manejar bien las expectativas del público?

Es muy importante que el presentador maneje bien las expectativas. La gente se va feliz cuando fueron cumplidas o superadas. Por eso las mismas deben ser reales y alcanzables.

No es todo responsabilidad del presentador. Las expectativas ya se van generando antes del show: con el afiche del show, los nombres de los comediantes, la información que se dio sobre el show (tal vez a través de un volantero), el precio de las entradas...

Siempre es mejor bajar las expectativas, así son más fáciles de cumplir. Lo peor es aumentarlas, por ejemplo diciendo que los comediantes son los mejores. ¡No hay ninguna necesidad! Además la gente ya está en el show, ya no hace falta convencerlos de ir.

A veces es hasta necesario bajar las expectativas. Por ejemplo en un Open Mic es necesario aclarar que es un show con comediantes nuevos y comediantes que van a probar material. Sino el show nunca va a estar a la altura de las expectativas. Seguro que la entrada no habrá salido muy cara así que se puede hacer referencia a eso.

Hay una excepción a esta excepción. Cuando el público consiste principalmente en amigos y familiares de los comediantes y no es la muestra (donde si se aclara que es la primera vez que actúan). La gente va a ver a su conocido y no les gusta escuchar que este solo es un principiante. Simplemente no se menciona el tema y se presenta como cualquier show.

También puede pasar que hace falta bajar las expectativas con respecto a un comediante en particular: por ejemplo cuando un novato se ganó actuar en un show profesional (puede haber ganado una competencia para comediantes nuevos y esto fue el premio).

### ¿Cómo lograr que la gente se acerque más al escenario?

Cuando la gente esté muy atrás en la sala y hay sillas vacías delante del escenario o si la gente está muy dispersa por el lugar (si, ya vas a actuar para salas llenas para hasta entonces hay que lidiar con eso), conviene llevarlos para adelante o por lo menos tenerlos juntos.

Lo ideal es no tener que llegar a ese punto. Se puede evitar esta situación habiendo puesto solo la cantidad de sillas según entradas reservadas/vendidas.

Si no se hizo, se puede pedir a la gente que esté atrás que venga más adelante. Por supuesto, no les va a gustar mucho la idea sino se hubieran sentado adelante desde el principio.

Si tienen miedo de sentarse adelante y si son pocos, podés explicar que los ves igual. Es como si todo el público estuviera en primera fila.

Podés explicar que querés generar un clima íntimo porque así el show va a salir mucho mejor. También podés prometer que no vas a hablar con ellos (la razón principal porque a algunos no les gusta sentarse adelante).

Se puede hacer de forma graciosa, por ejemplo prometiendo una cerveza para la gente que lo haga (una vez hecho les puede preguntar a todos lo que hicieron como se van a repartir la cerveza, dejando en claro que no era una cerveza por persona sino una para todos).

También se puede pedir a todos los que están adelante que aplaudan hasta que la gente que esté atrás venga adelante. Es presión social y funciona. Lo importante es mantener el aplauso hasta que estén adelante. A veces la gente se levanta para hacerlo, el presentador comienza a hablar de otra cosa y como no se presta más atención a los que se levantaron, se vuelven a sentar donde estaban. Y todo quedó en la nada.

### Los pies en el escenario

A veces hay un desubicado que tiene los pies en el escenario. Si te molesta, le podés preguntar si hace Stand Up también. Si te dice que no, podés preguntar por qué entonces tiene los pies en el escenario. Si te dice que si, podés contestar: "Ah, sos comediante. Mejor no te hablo más porque por ahí sos más gracioso que yo".

### 3. Presentar a los comediantes

La tarea más obvia de un presentador es, como lo dice su nombre, presentar a los comediantes.

### Hablar con los comediantes antes del show

Siempre conviene hablar con los comediantes antes del show, para saber cómo pronunciar sus nombres y apellidos y cómo quieren ser presentados.

Es importante para evitar que presentes al comediante con un chiste similar a uno de él (por ejemplo haciendo un chiste con su nombre, ser pelado, ser de otro país...) porque podrías estar arruinando el principio de su rutina (que encima es la parte más importante).

Puede pasar que un comediante te pase un chiste para presentarlo. ¡Bienvenido sea!

También conviene preguntar a cada comediante con qué material termina su monólogo así sabés cuando esté por terminar y te tocará volver a subir.

Por último hay que ponerse de acuerdo si dejás el micrófono en el pie y si se lo pasás en mano.

## La presentación del comediante

Siempre hay que decir claramente el nombre y apellido (o el nombre artístico) del comediante, antes y después de la actuación. Esto va acompañado de un pedido de aplausos.

Por ejemplo:

*"Ahora les pido un muy fuerte aplauso para el próximo comediante. El sr/la Sr (t) a., (nombre y apellido)".*

Como ya vimos en la parte sobre las expectativas, no conviene presentar al comediante con demasiado elogios (por ejemplo diciendo que es muy, muy gracioso o que es el mejor comediante del mundo). Ya es suficientemente difícil hacer reír para cualquier comediante, no hace falta que se lo hagas más difícil todavía. A menos que el comediante te pida hacerlo.

Tampoco lo bajes, diciendo que no es muy gracioso. ¿Por qué lo harías? Ni idea pero yo vi a presentadores hacerlo.

## ¿Qué puede decir un presentador después de la actuación de un comediante?

Cuando vuelvas al escenario como presentador, puede ser muy efectivo hacer un chiste sobre un tema que habló el último comediante (obviamente un chiste distinto). Al público le encanta. Muestra que estuviste atento y que sos ingenioso. Para eso, hay que escuchar la rutina del comediante.

También se puede comentar sobre la actuación del comediante, si le fue bien. Si le fue mal no lo haría, a menos si se puso el público en contra (por ejemplo criticándolos o diciendo cosas agresivas). En este caso te conviene ponerte del lado del público si no va a parecer que estás de acuerdo con las cosas que dijo o hizo él. Puede pasar que ese comediante después se enoje con vos pero acá lo importante es el público.

Después de la actuación de cada comediante es importante que el presentador retome el control. A veces el público se pone a charlar, a comentar lo que vieron. Es normal. Hay que retomar con voz y actitud firme para hacer entender que el show sigue. Podrán comentar y charlar todo lo que quieran después del show.

### ¿Qué hace un presentador cuando está fuera del escenario mientras que actúe otro?

¡Tiene que prestar atención al show!

Por varias razones:

- Para no hacer material parecido a otro comediante. Se puede hacer un chiste sobre un tema de otro comediante, y hasta es recomendable, pero no toda una rutina. La gente se va a aburrir y se puede sentir estafada.

- Puede pasar algo inesperado (el comediante se cae, alguien va al baño, le fue mal, le fue bien...). Está bueno comentarlo cuando vuelvas a subir.

- Un comediante se puede bajar antes de tiempo (no es muy profesional pero puede pasar). Tenés que estar listo para subir en cualquier momento.

Lo peor que puedas hacer es ponerte en el teléfono a la vista de todo el público. Si para vos no vale la pena escuchar al comediante, ¿Qué va a pensar el público? No seas un heckler de tu propio show.

# CAPÍTULO 3

# Calentar al público

## 1. ¿Cómo lograr que la gente ya entre en clima antes del show?

Una de las cosas más difíciles de ser el presentador es tener que subir al escenario "en frío". De la nada hay que lograr que la gente comience a reírse.

Hay un par de cosas que puedes hacer antes del show para que sea más fácil.

### Meterte en el público

En un lugar donde no conocen muy bien todavía lo que es el Stand Up, podés hablar con gente del público antes del show. Te presentás como el presentador y podés contar un poco lo que va a pasar. Así la gente se va soltando y poniendo su atención en el show. Si lo hacés de forma simpática, podés tener una ventaja enorme cuando arranca el show. La gente siente que ya te conoce y van a poner la mejor onda para que te vaya bien.

### Anunciar el show

Unos minutos antes del show podés informar al público que el show está por arrancar. Lo podés hacer desde el escenario o con "voz en off". En ese momento se puede ir bajando la luz, no del todo, pero ya algo. Así el público se va mentalizando y va redondeando sus conversaciones. Y muchos de los que no están mirando el escenario, se van a acomodar para hacerlo.

Son formas para lograr que, cuando subas al escenario, la gente ya te escuche y te mire desde el primer momento. ¡Eso es oro!

## 2. ¿Cómo generar un comienzo explosivo del show?

Para que un show arranque con todo, hay que generar endorfinas en el público. Esto se puede hacer de diferentes formas pero al principio (todavía) no con chistes. Cuando la gente está en frío es muy difícil hacerlos reír y que sea explosivo de entrada.

Por suerte hay formas (más fáciles) para generar endorfinas que la risa y que facilitan a que aparezca más fácilmente. Estamos hablando de aplausos, gritos y movimiento. Son acciones que se pueden pedir al público. La risa no se puede pedir.

Las endorfinas se sienten como un calor en el pecho. Lo genial es que las endorfinas son contagiosas: endorfinas generan más endorfinas.

Se pueden generar de las siguientes formas:

Hacer la entrada adecuada

Antes del show podés estar presente en la sala para observar a la gente y sentir como está la energía. Ya podés ir anticipando ciertas dificultades. Te podés preguntar: "¿Cómo está la gente? ¿Tranquila? ¿Enérgica? Están hablando en voz alta, en voz baja, se ríen o están más bien en silencio? ¿Hay alguna persona que pueda generar problemas?"

Según la energía del público, ya sabés cómo hacer tu entrada. Si la gente tiene energía alta, entrás con energía alta. Si están tranquilos, entrás más tranquilo para llevarlos a energía más alta. Si no respetás la energía de la gente, vas a generar una desconexión muy fuerte.

También sirve observar el público, para ver qué tipo de material te conviene hacer y cual no:

- ¿Qué edad tiene la gente?
- ¿Son más bien parejas o grupo de amigos?
- ¿Hay chicos?
- ¿Alguien llama la atención?
- ¿Hay personas con discapacidad?

## Hacerse presentar

La ventaja de hacerse presentar como presentador es que ya subís con un aplauso. El objetivo del anuncio es avisar a la gente que el show está por arrancar y pedir un aplauso para el presentador.

Por ejemplo:

*"Buenas noches damas y caballeros. Bienvenido a (nombre del lugar/show). Vamos a arrancar con el show así que les pido un muy fuerte aplauso para el presentador de esta noche: el sr./sra./srta...".*

–Se pueden agregar otras cosas en este anuncio como un chiste, temas de seguridad (donde están las salidas de emergencia), alguna información sobre el presentador, un chiste sobre el presentador, que tienen que apagar los celulares, que no se permite hablar durante el show... tampoco conviene hacerlo demasiado largo.

–Se puede hacer desde el escenario o con "voz en off". Lo puede hacer el presentador mismo, otra persona (por ejemplo el productor) u otro comediante.

–Si lo hace el presentador mismo u otro comediante, recomendamos que lo haga con "voz en off" porque es raro que suba un comediante por unos segundos y después vuelva a aparecer (a menos que busque ese efecto gracioso).

–También se puede tener una presentación grabada (hecha por vos mismo, otro comediante o hasta un locutor). Conviene llevarlo en el celular siempre.

## Música

Poner música es fundamental. Es LA señal del arranque del show. Para diferenciar lo mejor es tener música tranquila en la sala antes del show y cuando está por arrancar, poner una canción con mucha energía bien arriba. Genera endorfinas y hace que la gente ponga su atención al show.

Si hay un anuncio, se pone la música enseguida después del anuncio y hasta que el comediante comience a hablar con el micrófono en la mano.

Buscar un grito al principio

Otra forma para generar endorfinas es hacer gritar a la gente. Conviene hacerlo lo antes posible.

Puede ser algo así:

> *"¡Buenas noches! Bienvenidos a (nombre show). ¿Tienen ganas de reírse? ¡Pegame un grito! ¡Sí!"*

O podés preguntar varias veces hasta que contesten con fuerza:

> *"¿Cómo están?"*

La mayoría de las veces la gente va a gritar. Y si hay poca reacción, se puede hacer un chiste sobre eso como por ejemplo diciendo: "¡Qué fiesteros que son!". Siempre va a haber gente que grita más que otros, también se puede jugar con eso, indicando donde está la gente con más ganas y menos ganas.

Se puede seguir con la búsqueda de gritos. Por ejemplo se puede pedir que grite la gente que y estuvo en ese lugar, gente que ya vio el Stand Up, gente que es de la misma localidad donde se hace el show, gente de otras localidades, hinchas de un club y del otro... Además esas preguntas sirven para saber cuánta explicación habrá que darles después (si ya vieron un show ahí, si ya vieron Stand Up...).

## 3. El material del presentador

Después de dar la bienvenida a la gente, el presentador tiene varias opciones: puede hacer material de Stand Up, hacer de animador de fiestas y/o improvisar con el público. Se puede hacer uno, dos o los tres (según lo que necesita el público para entrar bien en calor).

¿Un presentador tiene que hacer material de Stand Up?

¿Se puede hacer material de Stand Up como presentador? Obvio, al final de cuentas estás presentando un show de Stand Up.

Encima si solo hacés improvisación y animación, estás instalando que el show va a hacer así y el primer comediante lo tendrá difícil con su material preparado. La gente no entiende nada cuando sube y hace su monólogo típico de Stand Up.

No siempre hace falta hacerlo. Hay lugares donde el público ya sabe muy bien como es el Stand Up y no hace falta instalar el código. Es necesario hacerlo en lugares donde el Stand Up es algo nuevo.

*Tipo de material*

Como presentador, conviene hacer material de Stand Up de identificación y/o sobre temas ligeros. Arrancar con material sobre tema pesados (como por ejemplo el sida, el nazismo o la política), pide un esfuerzo enorme de la gente. Recién llegan, todavía no saben muy bien que está pasando y ya estás hablando sobre Hitler o tu primera experiencia sexual...

Es como una cita, hay que ir conociéndose de a poco. Primero contás quién sos, dónde vivís, que hacés... para poder conectarse. Después van a querer saber tu opinión sobre todo.

Es bastante difícil calentar al público con oneliners o juegos de palabra porque casi no tienen carga emocional. Si solo tenés ese tipo de chistes, obviamente lo vas a hacer con ese material pero ponele más energía de lo habitual.

¿Cuándo le conviene al presentador hacer de animador de fiestas?

El tercer recurso para "calentar" al público es usar técnicas de animador de fiestas. Para mí es un último recurso por si improvisar y hacer tu material no está funcionando bien. Es calentar al público a la fuerza.

Puede pasar que no lográs generar buena energía en el público desde la palabra, entonces lo podés hacer desde el cuerpo. Le pedís al público hacer cosas que generan endorfinas en el cuerpo, como aplaudir, gritar, moverse...

*Practicar aplausos*

El presentador propone al público un juego para practicar aplausos. Para eso se puede dividir el público en dos partes para ver quienes aplauden más. Siempre es más fácil enganchar a la gente si lo hacés en forma de competencia.

Otra forma de practicar aplausos es practicar los diferentes tipos de aplausos: un aplauso por un chiste más o menos, un chiste bueno y un chiste excelente (haciendo un chiste de cada nivel). También se puede pedir a alguien que arranque el aplauso y que lo sigan todos los demás (el hecho de que una persona aplaude solo es tan triste que los demás lo quieren acompañar enseguida).

### Pedir gritos

Al igual como con los aplausos, se puede dividir al público en dos o tres y ver quienes hacen más ruido. Se puede dividir el público por donde están en la sala, entre hombres y mujeres, hinchas de un club u otro...

### ¿Improvisar?

La improvisación es ideal para romper el hielo y cuando tu material no está funcionando (porque rompe con la estructura). Vemos más en profundidad el tema de la Improvisación en la Parte IV.

## 4. ¿Qué hacer cuando te va mal como presentador?

¿Te puede ir mal? ¡Por supuesto que sí!, pasa, les pasa a todos, va a pasar y seguirá pasando pero ojalá que sea cada vez menos.

Lo bueno de ser el presentador es que la gente no tiene la misma expectativa con vos que con los demás comediantes y menos todavía si te pusiste bien en ese rol (diferenciándote con "los comediantes" como vimos anteriormente).

Si te va mal (o sea no hacés reír), a veces lo mejor es soltar la idea de hacer reír y ser amable con la gente. Explicás simplemente lo que va a pasar y presentás a los comediantes. Después del show nadie se va a acordar de vos (ni para bien ni para mal). Lo importante es que no pierdas tu postura de anfitrión. Mantené la sonrisa y la buena onda siempre.

Además se pueden hacer otras cosas para divertir a la gente, como vimos en la sección sobre la animación, para que de a poco se vaya soltando. Los juegos divertidos son un buen recurso para generar endorfinas.

# CAPÍTULO 4

# El presentador maneja el show

## 1. Manejo de los tiempos

Otra tarea para el presentador

Una de las tantas tareas que tiene un presentador es manejar los tiempos del show (cuando no hay productor presente ni dejó instrucciones o no se ocupa). Si está estipulado que el show dura 1 hora, el presentador tiene que vigilar que se respete eso.

Además tiene que saber los tiempos: a qué hora comienza el show, cuánto dura y cuánto tiempo hace cada comediante. Y en función de todo eso, arma sus propias intervenciones: cuanto hace al inicio del show, entre cada comediante y al final.

Según como va transcurriendo el show, el presentador puede y debe adaptarse.

Muchas veces los comediantes le piden que les avise cuando se les acaba el tiempo. Como si ya no tuviera suficiente trabajo con todo lo demás. En ese caso se puede delegar la tarea o simplemente hacerla.

¿Cuánto tiempo puede hacer el presentador?

Los tiempos de un presentador pueden variar según la duración y el tipo de show.

Por ejemplo en un Open Mic un presentador puede hacer más tiempo, siempre y cuando hace material probado. Si va a probar material (que para mí no da), es mejor hacer menos.

Un show típico en Argentina dura 1 hora y cuenta con tres, cuatro comediantes (el presentador incluido). Partamos de esa idea.

### Primera entrada

Para la primera entrada recomiendo que el presentador haga entre 7 y 12 minutos. Si a los 7 minutos el público ya está bien cálido, te conviene presentar al primer comediante ya. Así se "ganan" 5 minutos que podés usar en otro momento del show por si hace falta (por ejemplo cuando un comediante va muy mal y hay que "levantar" al show).

Si después de 12 minutos todavía no lograste una risa fuerte, no tiene sentido seguir probando porque probablemente ya no lo vas a lograr tampoco. Encima estarás sacando tiempo de los demás comediantes. Hiciste lo que pudiste, ya está. Ahí es correcto "practicar" un par de aplausos y presentar al primer comediante.

### Entre comediantes

Entre comediantes, lo recomendable es que el presentador haga más o menos 3 minutos y máximo 5 minutos (solo si hace falta "levantar" al show). Si hace más, el presentador se convierte en un comediante más y se desarma la estructura del show. Esto puede generar confusión en el público, por ende menos atención y menos risas.

### Al final

Al final del show al presentador le quedan 1 a 2 minutos para:

–Pasar alguna información práctica (por ejemplo fecha del próximo show).

–Agradecer a la gente por haber venido.

–Dar el saludo final.

–Pedir un último aplauso para los comediantes.

¡Importante!

¡No vale hacer más material al final del show! El comediante más importante de la noche es el que cierra. El presentador no puede sacarle el protagonismo.

## 2. Manejo de la energía

La importancia de manejar la energía

¡Manejar la energía de un show es ¡la tarea más importante y difícil del presentador!

Es precisamente lo que hace que un presentador sea indispensable en un show de Stand Up y es la razón porque tiene que hacer una entrada entre cada comediante y porque tiene que ser un comediante profesional.

Aunque sea difícil de poner en palabras, todos podemos sentir que hay cierta energía en la sala, en el público. Puede ser alta, baja, helada, explosiva... Se siente y con la experiencia se va sintiendo cada vez más.

Las medidas de energía

Para poder aclarar bien cómo manejar la energía, le ponemos una medida, entre 0 y 10.

0 es la energía en cero, no hay ganas ni expectativas. En general al principio de un show la energía está en 1 ó 2 porque la gente va con ganas de ver al show (especialmente si pagó una entrada). O por lo menos la mitad de la gente (asumiendo que son todas parejas y uno de los dos por lo menos quiere ver el show).

10 sería la energía al máximo, cuando el show está explotando de risas y a la gente le duela la panza.

La energía puede ir bajo cero. Eso sería el caso del público que se siente enojado o ofendido por un comediante o que esté ahí sin ganas (puede pasar en un evento).

Entonces ¿Cuánto es la medida ideal para presentar a un comediante?

**¡El presentador tiene que presentar a un comediante con la energía en 7!**

Entonces para presentar al primer comediante, el presentador tiene que llevar la energía de a 7. Puede pasar que a un comediante le va más o menos, mal o muy mal y deja el público en menos de 7 al finalizar su monólogo. Ahí el presentador tiene que tratar de subirla a 7 antes de presentar al próximo comediante.

Y si a un comediante le va muy bien y lleva la energía más allá de 7, conviene bajarla antes de presentar al próximo comediante.

Cuando el público quedó exaltado con un comediante, no puede enfocarse en otro comediante al toque. Necesitan un poco de tiempo para "calmarse".

Si el presentador no baja la energía, lo tendrá que hacer el comediante siguiente. Además de sacarle tiempo a su rutina, puede pasar que después le será muy difícil instalar su persona escénica. Quedará desdibujado.

### ¿Cómo subir la energía?

El presentador puede subir la energía de la forma que mejor le salga. Lo puede hacer con muy buen material, o improvisando o hasta puede hacer juegos de animador (practicar aplausos, competencia de aplausos, gritos...).

Acá es la parte más sacrificada del presentador, donde se pone el show al hombro para que cada comediante pueda lucir lo más posible.

### ¿Cómo bajar la energía?

La mejor forma para bajar la energía es hablar sin hacer chistes. Se puede comentar sobre lo bien que le fue al comediante, sobre cómo está yendo el show, sobre lo bien que se porta el público...

Cuando los espectadores se hayan calmado y la energía llegue más o menos en 7, se pueden hacer un par de chistes y darle entrada al próximo comediante.

Solo cuando un comediante te deja el público en 7, vale no hacer nada y se puede presentar al siguiente con lo mínimo: "Seguimos con este show. Les presento al próximo comediante". Se justifica cuando no hay tiempo o porque el presentador quiere guardar tiempo para otra entrada.

### 3. ¿Cuándo el presentador tiene que producir?

En un mundo ideal el presentador solo se tiene que ocupar de presentar pero la realidad es otra. El presentador es el primero que sube al escenario y si en este momento las condiciones no están dadas para un buen show, el problema lo tiene él porque parecerá un aficionado delante del público.

Por ejemplo, si el presentador sube al escenario y no funciona el micrófono, queda ridículo él, más allá de que la culpa la tiene otra persona.

Es un tema de autoprotección. Porque el público es muy exigente (y los productores también) y serás juzgado por hacer reír o no hacer reír. Nosotros sabemos que las condiciones influyen un montón, pero el público no. Todo lo que puedas decir después del show va a sonar como una pobre excusa.

Por eso al presentador le conviene hablar con el dueño (o encargado), el sonidista, el iluminador y los comediantes antes del show y ocuparse de que todo funcionará y se manejará de la forma correcta.

Hay una parte técnica: el sonido, luz y el pie del micrófono. Y hay una parte que tiene que ver con el show en sí mismo como el orden y tiempo de actuación de los comediantes.

En teoría estas tareas técnicas y organizativas incumben al productor pero muchas veces no está presente ni dio instrucciones o no tiene idea.

### 4. ¿Cómo presentar un Open Mic?

El presentador tiene un papel fundamental en un Open Mic. Tiene que manejar bien las expectativas del público y ponerse el show al hombro.

Las expectativas

Es muy importante que el público sepa que va a ver un show donde habrá muchos comediantes nuevos y comediantes experimentados probando material. Si no; va a ser un fracaso. Cuando la gente espera un show profesional y le dan un Open Mic, es muy probable que se sientan frustrados pero si se les informa claramente qué esperar, quedaran satisfechos.

Para cumplir completamente con las expectativas, al público de un Open Mic le tiene que gustar un poco ver a comediantes que lo estén pasando mal (porque es parte de un Open Mic).

## El presentador salva al show

Como en un Open Mic a la mayoría de los comediantes les va mal (porque son nuevos o porque prueban material) el presentador es el que tiene que salvar al show.

Por eso recomendamos que el presentador no pruebe material. ¡Es más! Que haga lo mejor que tenga.

"Si el presentador no lo hace, los demás comediantes no van a tener una verdadera chance con su nuevo material porque el público estará muy apagado". Él tendrá que generar clima antes de poder probar sus chistes nuevos. ¿Y cuánto tiempo le quedará para eso?

Tampoco se puede esperar de un comediante novato que levante el show. Es el presentador quien tiene la responsabilidad de hacerlo para que los principiantes puedan dar sus primeros pasos.

## ¡Se tiene que pagar al presentador!

Como el presentador tiene que ponerse el show al hombro, a veces haciendo lo mejor que tiene, consideramos que siempre hay que pagar a un presentador en un Open Mic. Como también hay que cobrar entradas para que la gente le de valor al show. Obviamente el valor de las entradas tiene que estar al nivel del show. No se cobra lo mismo por un Open Mic que por un show profesional.

# Parte IV: Improvisar

# CAPÍTULO 1

# La improvisación en el Stand Up

## 1. ¿Qué es la improvisación en el Stand Up?

La improvisación en el Stand Up es una charla del comediante con el público. El comediante sale de su rutina preparada y hace preguntas a la gente. Busca la risa a través de sus respuestas. Es una ida y vuelta entre el comediante y el público.

A la mayoría de la gente no le gusta ser abordado por el comediante porque temen ser humillados. Pero cuando el comediante lo hace de forma respetuosa y divertida, lo aman.

A muchos comediantes les gusta la adrenalina de salir de su rutina y lanzarse al vacío, dejarse sorprender por lo que pueda venir. La adrenalina es increíble y adictiva.

Recomendamos no dedicar más de 5-10% de tu monólogo a la improvisación porque al final la gente se acuerda de un comediante por su material (y no lo improvisado).

La improvisación puede ser especialmente muy eficaz en dos momentos:

✓ Al principio del show (para calentar al público).

✓ Cuando va mal.

Dicen que aprendemos algo, haciéndolo. Y eso se aplica más todavía a la improvisación. Les voy a dar algunas reglas principales y una serie de ejercicios pero la improvisación se aprende principalmente en el escenario.

### Diferencia con Improvisación Teatral

En la Improvisación Teatral se busca armar una historia graciosa con contenido sugerido por el público. En el Stand Up el comediante improvisa solo un chiste y no toda una historia. En general es un comentario gracioso a una respuesta de alguien del público y nada más.

## 2. Las ventajas de la improvisación en Stand Up

Las ventajas de la improvisación son:

✓ Genera mucha conexión con el público.

✓ Lleva la gente al presente a través de la interacción.

✓ La gente lo ama si es hecha de forma simpática porque se sienten una parte activa del show.

✓ Un chiste muy simple surgido de la improvisación puede funcionar mucho más que uno elaborado y pulido en una rutina porque la gente se da cuenta que surgió en el momento.

Genera mucha conexión con el público

La improvisación genera mucha conexión porque el comediante muestra que está presente en el momento. No está diciendo un monólogo que repite todas las noches. Sienten que están viviendo una experiencia única. Y eso es ideal para romper el hielo.

Lleva a la gente al presente a través de la interacción

La interacción hace que la gente se "despierte" y que estén presentes. Saben que en cualquier momento les puede preguntar algo, entonces se concentran.

La gente lo ama si es realizada de forma simpática

Para el público es mucho más fácil conectarse enfocándose primero en cosas que estén pasando en ese momento y que tienen que ver con ellos (y no tanto con el comediante). Una vez ganada la simpatía, el público va a querer que hables de vos mismo y cuáles son tus pensamientos y experiencias en este mundo.

## Un chiste muy simple surgido de la improvisación puede funcionar mucho más

Lo bueno de la improvisación es que la gente se ríe más fácilmente. Como saben que es inventado en el momento, son menos exigentes. Es un proceso raro porque el público no siempre es totalmente consciente de eso en el momento (no se dicen: "Me voy a reír más porque es improvisado". pero lo hacen).

Va a suceder que hacés reír mucho con algo improvisado y decidís incorporarlo en tu monólogo pero nunca llega a ser tan efectivo. Fue gracioso porque fue algo del momento.

Ahora si podés preparar una rutina que parezca improvisada, ¡La gente te ama! Así hay gente que hace preguntas al público y ya tiene una respuesta lista a cualquier cosa que le pueden contestar. Por ejemplo hay comediantes que tienen un chiste con cada profesión que existe.

# CAPÍTULO 2

# ¿Cómo improvisar en Stand Up?

## 1. Introducción

La improvisación en Stand Up es como una entrevista con el público. Lo importante es hacer preguntas que van más allá de lo obvio o trillado como por ejemplo: el nombre, la profesión y donde viven (a menos que tengas muchos chistes con las profesiones y localidades).

¡No te burles! La gente tiene miedo del ridículo cuando un comediante los hace participar pero si se hace de forma divertida, respetuosa y simpática, lo adoran. Y hasta se puedan sentir ofendidos si no son "elegidos" para participar. La gente pagó una entrada para pasarlo bien y no para ser humillada. Capaz que algunos se reirán cuando te burlás de alguien (los que no son visados) pero ¿A qué costo?

"¡Siempre hay que repetir en voz alta lo que dijo alguien del público!"

Así la escuchan todos. Es muy molesto para el público cuando no escuchan la respuesta de alguien del público y el comediante hace algo con eso. Se quedan totalmente afuera. Casi siempre es así porque la persona en el público no tiene micrófono. Encima repetirlo te da tiempo para pensar en una respuesta.

## 2. Reglas de improvisación para Stand Up

### Decir que sí

La regla más importante de la Improvisación Teatral es el "decir que sí" a todo lo que te da el público o un compañero. También es válida para el Stand Up. Cuando alguien del público te contesta algo, tu primer impulso siempre tiene que ser "sí". Si encima le agregás algo positivo, te va a ir muy bien.

Cosas positivas que puedas decir:

- Me encanta lo que me decís porque...
- Sí, es maravilloso lo que estás diciendo...
- Sí, es tremendo lo que te pasó...
- Sí, estoy de acuerdo con vos porque...
- Que interesante lo que decís porque...

Más allá que después puedas llevarlo hacia otro lado, tal vez hasta contradecirlo, el primer impulso tiene que ser "sí" (así agradecés a la persona por participar). Por ejemplo decir: "Sí, estoy de acuerdo... pero.".

Si le decís que no, o contradecís todo lo que aporta el público, se corta la conexión y el vínculo con la gente. Y ellos van a perder rápido las ganas de participar.

## Preguntar lo que realmente querés saber

Es importante preguntar algo que realmente querés saber. La gente lo siente cuando preguntás algo por preguntar.

Hay que ir más allá de las preguntas obvias como el nombre, donde viven y el trabajo. Buscá a alguien u a algo en el público que te llame la atención: la forma de vestirse, el corte de pelo, el lenguaje corporal, el acento, una composición de mesa rara (por ejemplo muchas mujeres y solo un hombre), el corte de pelo de alguien...

Si no se te ocurre nada, podés decir a alguien del público en voz alta: "Lo que realmente quiero saber de vos es". y ver que sale. Estás poniendo en marcha tu mente y algo va a salir.

## Ser positivo y dar cumplidos

Hay que buscar cosas lindas, tirar piropos a gente en el público, mostrar que estás feliz que hayan venidos al show y que te parece fascinante conocerlos. Para eso ayuda mucho comenzar tus frases con: "Me encanta... Adoro... Qué lindo.". aunque no sepas todavía lo que vas a decir.

Es lo opuesto de cuando escribimos material de Stand Up. Ahí siempre sale desde algo negativo, alguna frustración. Acá lo importante es ser positivo, por ejemplo dando cumplidos a la gente. Así el público se tranquiliza (porque se dan cuenta que no los vas a poner en evidencia) y hasta disfrutan de ser parte del show. Para evitar problemas, lo mejor es dar cumplidos a personas del público del mismo sexo. Un comediante hombre a hombres y una comediante mujer a mujeres, especialmente cuando están en pareja. También se puede dar un cumplido a los dos como pareja (por el tiempo que llevan juntos o cualquier otra razón).

Ejemplos:

- ¡Qué lindo pulóver! ¿Dónde lo compraste?
- ¡Un hombre con tres mujeres! ¡Qué genio! ¿Cuál es tu secreto?

## Comenzar a hablar sin pensar

Cuando improvisás, hay que tener el coraje de comenzar a hablar sin pensar, sin saber a dónde te va a llevar. Expresás lo primero que viene a tu mente. Es un salto al vacío.

De esta forma salen las ideas más primitivas, las que siempre suprimimos porque socialmente no son aceptadas. Decimos lo que realmente pensamos y sin filtro. Eso siempre es gracioso.

Y eso es justamente el papel de un comediante: decir lo que todos piensa pero nadie se anima a decir.

De esta manera, siempre vas a llegar a algo gracioso. Tal vez no lo consigas de inmediato, pero hay que seguir hasta que aparezca algo divertido.

## Preguntas abiertas

Las preguntas tienen que ser abiertas. O sea una pregunta a la cual no se puede contestar con sí o no (si no sería una pregunta cerrada). Buscamos que den respuestas más amplias, para que tengas algo con que trabajar.

Por ejemplo: "¿Viniste con alguien? ¿Son pareja?", son preguntas cerradas. Para abrirlas, se puede preguntar: "¿Con quién viniste? ¿Cuál es tu relación con esta persona?"

Hay preguntas cerradas que pueden generar una risa, por ejemplo cuando tratás de adivinar la relación entre dos personas, especialmente si la pifiás. Por ejemplo cuando preguntás si son pareja, cuando son amigos o padre e hija…

## Respuestas tuyas para abrir la menta creativa

Hay algunas frases que puedas decir que abren tu mente para improvisar. Son muy poderosas. Casi siempre llevan a algo gracioso o por lo menos divertido. Recomendamos practicar mucho con estas frases y tenerlas "incorporadas" así las tenés a mano en el escenario.

- Lo que me contás, me hace pensar en... (te va a llevar a algo propio tuyo).
- Eso me hace acordar a... (te va a llevar a un acontecimiento en tu pasado).
- Es como... (tu mente va a buscar una analogía o metáfora).
- Con lo que decís, quiero hacer tal cosa, preguntarte algo más...
- Yo hago eso también. Por ejemplo cuando...
- Lo que realmente está pasando acá es...

## Prepararse para improvisar

Aunque suene contradictorio, uno se puede preparar para improvisar. No se trata de buscar chistes, se trata de buscar "material para improvisar". Antes del show, buscás cosas y/o personas en el lugar que te llaman la atención.

Por ejemplo:

- ✓ La decoración del lugar (cuadros, afiches raros, manchas de humedad, la ubicación de los baños...)
- ✓ La organización del lugar (la forma de tomar los pedidos o de servir la comida/bebidas, la vestimenta de los mozos...)
- ✓ El público: qué están haciendo, que están comiendo, tomando, como están vestidos, qué tienen de particular (ropa, anteojos, corte de pelo...). Preguntate qué te gustaría saber de cada persona (pero realmente lo que querés saber. Si no hay nada que te llame la atención en una persona, no hablés con esta persona).
- ✓ La energía del público: están alegres, tristes, apagados...
- ✓ Escuchar las conversaciones y después las mencionás en el escenario. Es muy atrevido y a la gente le va a encantar.

## Aprovechar a tus compañeros

Hay que escuchar a los comediantes que actúen antes que vos. Así evitás hacer las mismas preguntas que el comediante anterior. Además; podés seguir construyendo sobre la información que tu compañero ya obtuvo de la gente.

Queda muy poco profesional preguntar el nombre de alguien si ya lo había preguntado el comediante anterior. Da la impresión que tenías algo mejor para hacer que prestar atención al show (el mismo show por lo cual cada persona del público pagó una entrada).

## Conectar a diferentes personas en el público

Lo que más le gusta al público es cuando puedas conectar a la gente entre ellos. Generar vínculos entre personas que, hasta unos minutos antes, eran totalmente extraños entre ellos.

Por ejemplo descubrís que hay un electricista y un bombero en el público. Podés decir: "Bueno, si el electricista hace mal su trabajo, por suerte ya tenemos a un bombero". A la gente le encanta.

## Hacer Improvisación Teatral

Se puede llevar la improvisación más lejos y hacer Improvisación Teatral. ¿Se puede hacer en un show de Stand Up? Mientras que la gente se ría, nadie se va a enojar. La idea es construir historias que incluyen a los integrantes del público. Por ejemplo estás hablando con un señor que te cae bien y podrías comenzar a delirar:

*"Usted me cae bien. Podríamos ser amigos y podríamos irnos de viaje. ¿A qué se dedica? Soy contador. Bueno, por ahí no va a ser tan divertido pero por lo menos no voy a gastar demás…"*

Lo ideal es ir incluyendo otras personas:

*"¿Y usted señora? ¿Le gusta viajar? ¿A dónde? Thailanda. Bueno, nos vamos los tres a Thailanda… "*

Y si encima podés incluir temas y/o chistes que ya estuviste diciendo en tu monólogo, ¡La gente te va a adorar!

# CAPÍTULO 3

# Practicar la improvisación

## 1. ¿Cómo y cuándo practicar la improvisación?

Para practicar podés armar un grupo de ensayo pero lo mejor es hacerlo con un público de verdad. Al principio planealo dentro de tu rutina. Por ejemplo podés decir: después de tal chiste voy a hacer una pregunta a alguien del público y con la respuesta voy a intentar algo gracioso. Si funciona, ¡Hacés otra pregunta! Si no, volvés a tu rutina.

Casi seguro que la primera vez no te vaya a salir muy bien. ¡No abandones! Como solo hiciste una pregunta y seguiste como si nada, la gente ni se va a enterar que intentaste algo que no te salió.

Como todo, hay que practicar, y mucho. Y cuando te salga, vas a descubrir que es una de las cosas más excitantes que hay.

## 2. Ejercicios de Improvisación
Ejercicios de improvisación que puedas hacer solo

Hay ejercicios de improvisación que podés hacer solo. Tienen como objetivo liberar la mente, hacer asociaciones espontáneas, aprender a observar el entorno y las acciones humanas.

Ser comediante es cuestionar lo que todos dan por sentado. Los siguientes ejercicios buscan fomentar tu creatividad:

- Observar a las personas (en la calle, el bondi, ...) y preguntarte qué te llama la atención de ellas.
- Imaginarse la vida de una persona: cuál es su edad, trabajo, estado civil; hobby, sueños, traumas, ...

Para improvisar hay que estar totalmente presente en el momento y el lugar. Esto también se puede practicar. Ejercicios para estar presente:

- Cerrar los ojos y escuchar lo que viene tanto desde adentro como desde afuera de la casa. Prestar atención a sonidos.
- Describir tu entorno con lujo y detalles (formas, colores, lo que te llama la atención…).
- Hacer algo y describir en detalle lo que estás haciendo (lavar los platos, caminar, coger, …).
- Contar hasta 100 (parece muy simple pero vas a ver que al principio te va a costar contar hasta 10 sin distraerte).

Ejercicios de improvisación para hacer en grupo

Para practicar lo ideal es tener un grupo de 10 personas. No siempre es fácil conseguir una tal cantidad. Lo mínimo son 4 personas.

*El espejo*

Se trabaja de a dos. Mirás a la persona que tenés enfrente tuyo y copiás sus caras, movimientos, emociones. El objetivo es conectarse con el otro y poner toda tu atención en ello, y no en tu persona.

*Apuntar cosas en la habitación*

Caminá alrededor de la habitación apuntando cosas y diciendo lo que son. Hay que ser específico y detallado. El objetivo es aprender a observar y buscar cosas para usar en tu improvisación.

*Decir lo primero que te viene a la cabeza*

En pares. Cada vez que tu pareja aplaude, decís cualquier palabra. Mantené el cuerpo relajado y mantené el contacto visual con tu pareja. Permitite cometer errores. Si no se te ocurre una palabra, podés hacer un sonido. No tengas miedo de hacer el ridículo, es lo que quiere el público.

## Palabra lanzada

Todos forman un círculo. Alguien salta al medio, dice hola y su nombre. Alguien devuelve el saludo y le da una categoría. Ahora la persona en el medio tiene que nombrar ocho cosas de esta categoría. Hay que mantener contacto visual con todos los compañeros (tu público) aunque estés pensando.

No tienen que ser ocho cosas graciosas ni inteligentes, simplemente ocho cosas. Tratá de conectar con las personas que no parecen interesados. Permitite arrancar con lo obvio, hasta aburrido. Más que buscar por la palabra "correcta", hay que decir cualquier cosa, lo primero que entre en tu cabeza.

## Intercambiar historias

En pares. Una persona comienza a contar una historia real de su propia vida (por ejemplo sus vacaciones favoritas) o una mentira enorme. Cada tanto suena una campana y la otra persona sigue con la historia exactamente donde la dejó su compañero. Escúchense. No tengas los brazos cruzados así podés contar la historia con todo tu cuerpo al otro.

## Juego de aplausos

El objetivo es mantener el contacto y estar presente con el público.

Una persona se va de la habitación. Los demás deciden qué acción simple tiene que adivinar esta persona cuando vuelve. Nadie puede hablar. La persona comienza a hacer acciones con el cuerpo, el público aplaude cuando la persona hace una acción cercana a la que tiene que adivinar hasta que descubra cuál es la acción.

Cuando hacés el ejercicio, hay que mantenerte conectado con el público. Ellos te están diciendo lo que tenés que hacer. Cuando te aplaude el público, aceptalo y seguí con la acción hasta que se te ocurra que más podés hacer. Si no te acercás, volvé a lo que estabas haciendo cuando te aplaudían.

Si no probá con una acción nueva. A veces conviene hacer algo que pensás que no va a funcionar, para que salgas de tu zona de confort. Permití que los aplausos vayan aumentando.

### El rinoceronte llama

Varios improvisadores suben juntos al escenario. Cada uno hace el sonido de un rinoceronte en celo, de un celular sonando, canto de pájaro... El público dice qué sonido tienen que hacer. Los actores mantienen contacto visual con el público. La intención es hacer reír.

Si no hacés reír, probá otra cosa. Aceptá el fracaso. Si la gente se ríe, tratá de mantenerlo y de llevarlo a otro lado. Intensificalo. No lo dejes enseguida.

### Ver personas en la sala

Todos se paran en un círculo y se observan: como están vestidos, que aspecto tienen, las posturas, los comportamientos. ¡Interesate! En un show, esto se puede hacer ya antes de subir al escenario. Se trata de prepararse para improvisar.

### Celebrar cuando va mal

Cuando te va mal en un ejercicio, reíte con esto, delante de todos (en lugar de castigarte y esconderte). En un show real, burlarte de vos mismo, ¡muchas veces te va a salvar! Especialmente cuando te va mal.

### Decir sí

El público dice cosas a la persona que está adelante y éste siempre contesta con algo positivo:

"Sí, porque".

"Es maravilloso porque".

"Me encanta lo que contás porque".

### Presentar un show

Presentás cualquier show absurdo (que no existe como: "Los monos turcos que hacen trapecio"), sin prepararlo, lo que viene a la cabeza. Los compañeros buscan un título para cada uno.

*Me hace recordar...*

Una persona sube al escenario y pide que le digan un objeto. Escuchá la respuesta y contestá con: "Eso me recuerda... "

Dejá que salga cualquier cosa, cualquier momento o anécdota de tu propia vida. No tiene que ser gracioso pero sí verdadero. Animate a contar algo íntimo al público, algo que tal vez te de vergüenza. Puede ser una experiencia, un pensamiento...

Lo gracioso es lo que sale sin filtro. Acá no hay reglas sociales que te frenan.

*Es un hecho, es cómo, quiero, ...*

Igual como en el ejercicio anterior se pide un objeto pero en lugar de decir "me hace acordar a... " vas a decir: "Es cómo...

Seguro que vendrá alguna metáfora... saltas al mundo imaginario.

Después decís: "Quiero.". Y contás lo que querés hacer con el objeto ahora en este momento. Y hacelo (no hace falta tenerlo físicamente en tu mano, imaginátelo). Dale vida. Repetilo, juga con esto, pasá a la próxima, volvé a traerlo pero lo más importante es jugar con ello.

*Preguntas abiertas*

La persona que está adelante recibe ofertas del público, haciendo preguntas abiertas. Preguntá lo que realmente querés saber de ellos y/o lo primero que te viene a la mente.

Se puede jugar e hacer preguntas "arriesgadas" que generan tensión. Después hay que divertirse con la respuesta.

En algún momento se puede tirar: "Lo que está realmente pasando acá...".

¡Sé honesto! Sentite libre para pasar a la persona siguiente, siempre jugando.

*Lista*

El "público" sugiere temas al comediante. Uno por uno. El comediante habla unos instantes sobre un tema y de repente le tiran otro. Hay que tratar de integrar los diferentes temas.

# Parte V: Vivir del Stand Up

# Construir una carrera en el Stand Up

## 1. Actuar mucho

Lo más importante al principio, es actuar mucho porque cuanto más tiempo que pases en el escenario, más cómodo te vas a sentir. Cada vez serás más natural y expresivo. La mejor forma para mejorar tu actuación, es actuar.

Actuar todo el tiempo también hará que tu escritura mejore porque podrás probar tus ideas rápido con un público de verdad y pulir tu material. Como dijimos antes, un chiste puede necesitar 20, 30 intentos para quedar bien asentado.

Si tu ambición es llegar a ser profesional, habría que actuar como mínimo una vez por semana. En ciudades como Nueva York y Londres, los comediantes suben fácilmente ocho, nueve veces por semana al escenario.

### ¿Me pueden pedir llevar gente a un show?

Hay cosas que un comediante tiene que aceptar y otros no. Mucho tiene que ver con la trayectoria ya recorrida.

¿Te pueden pedir que lleves gente? Sí. Todo el mundo tiene el derecho de pedir lo que quiera y todo el mundo tiene el derecho de aceptar y rechazar según lo que le conviene o no. Nadie se tiene que enojar por eso.

Igual como productor hay que saber que los comediantes, después de un tiempo, ya no pueden llevar a nadie. Y que algunos comediantes se pueden ofender si se les pide de llevar gente, por la trayectoria que tienen.

*¿Conviene ir a actuar a un lugar donde te piden llevar gente?*

Cuando recién, recién arrancás con el Stand Up, estás en una posición de poder: tenés gente para llevar (amigos y familiares que te quieren ver) y muchos productores los quieren llevar a su show.

La pregunta es: "¿A dónde vas a llevar a tu público? ¿A quién vas a dejar que lucre con tus invitados?" Ahí tenés un poder, hay que saberlo y cuidarlo porque encima no te va a durar mucho.

En lo ideal tus invitados lo pasan bien en un show bien organizado y de buen nivel. Y si llevás gente, y alguien gana dinero con eso, lo lógico es que ambos ganen por eso (el productor por la organización y vos por llevar gente). Entonces si llevás gente, te tiene que dar un porcentaje de las entradas que vos hiciste vender o por lo menos ofrecer comida y bebida.

Me parece que a esa altura todavía no se puede pretender que te paguen por tu actuación. Recién arrancaste. A algunos comediantes ya les va bastante bien desde el principio pero como expliqué antes, no alcanza con tener una buena rutina para pretender ser pagado como un profesional.

### ¿Me tienen que pagar si me cancelan el show?

Cuando alguien te invita a actuar en un show y aceptás, se formó un contrato verbal, que tiene la misma validez que un contrato escrito. Si lo hicieron bien, arreglaron el lugar, la hora, tu tiempo de actuación y tu remuneración.

Ambos tienen que cumplir con su parte. Hay una excepción aceptada en el mundo del Stand Up y es cuando al comediante le sale un evento. Muchas veces paga cuatro, cinco veces más que un show en un bar y un productor no puede tomar mal una cancelación del comediante en este caso. Por suerte un evento en general no aparece sobre la hora y eso permite al productor buscar un reemplazante.

Si un productor te cancela, depende mucho con cuánta anticipación lo hace y qué día de semana estaba programado el show. No es lo mismo que te cancelen un show un lunes a la noche con una semana de anticipación que un sábado con un par de horas de anticipación. Es muy probable que un sábado hubieras conseguido otro show, un lunes no tanto.

También va a influir tu relación con el productor. ¿Es un amigo? ¿Es alguien que está tratando de instalar un show nuevo y sabés que no hay mucho presupuesto? Acá hay que tener mucho cuidado porque se abre la posibilidad de abusos.

*¿Y si se suspende el show por falta de gente y ya estamos en el lugar?*

Ahí te tienen que pagar sí o sí. Viajaste al lugar, estás ahí, rechazaste cualquier otro show para estar. No era tu responsabilidad convocar gente. Era el del productor y te tiene que pagar.

Si no te paga, no trabajes nunca más con esta persona e informá a la comunidad del Stand Up sobre cómo trabaja esa persona.

## Ser proactivo

Para llegar a ser profesional hay que actuar cientos de veces, por eso es importante actuar lo más posible. Al principio hay que hacer de tu propio productor. Más allá del nivel que tengas como comediante, ¡no esperes que te llamen!

No es porque te va bien una vez en un show, que de repente te van a llamar de todos lados. Ponete en contacto con la gente que arma shows, y pedilos de actuar, obviamente de forma amable y respetuosa.

En algún momento, tarde o temprano, seguro que te van a llamar.

## *Generar tu propio show*

Y si no encontrás muchas posibilidades para actuar, por la razón que fuese, generá tus propios espacios. Armá un elenco y ofrecé tu show en bares, restaurantes, centros culturales, escuelas… donde se te ocurra. En la parte VI está toda la explicación sobre cómo armar un show.

Muchos de los comediantes que invitás, te van a volver a invitar a tus propios shows. Funciona así.

## 2. Hacerse profesional
¿Cómo hacer el salto de ser bueno a excelente?

Para ser considerado como comediante profesional, un club de comedia pide que, durante tu actuación, tengas una risa cada 18 segundos en promedio, o sea 3 a 4 risas por minuto (y si es más, mejor).

Para llegar a eso, muchos comediantes piensan que tienen que escribir algo diferente de lo que tienen, que tienen que encontrar ese material que los que van a hacer ese salto de calidad. Es un error. Es como comenzar de cero cada vez.

Hay que tomar el material existente y mejorarlo hasta lograr esa cantidad de risas. (Obviamente no siempre será así. Hay materiales que no tienen más potencial de lo que están dando pero si te funciona más o menos, seguro que tiene potencial para más).

El nivel de profesional

Tener un monólogo muy eficaz de treinta minutos no te hace profesional. De un profesional se espera que pueda levantar un show que está cayendo, que sabe lidiar con ciertas circunstancias (como hecklers), que puede abrir y cerrar, manejar la energía y las pausas. Esa experiencia se consigue haciendo los aspectos más difíciles del Stand Up como presentar, hacer eventos, hacer un unipersonal (porque ahí tenés que hacer de tu propio presentador y saber conducir muy bien los ritmos y las pausas), actuar en bares donde la gente no necesariamente va a ver el show...

Tu objetivo tiene que ser convertirte en un comediante de garantía. Uno que garantiza treinta minutos excelentes con públicos variados. Para tener treinta minutos asegurados, hay que tener mínimo una hora y treinta minutos de material muy bueno para poder variar según las circunstancias.

Ser profesional fuera del escenario

Puede sonar muy raro pero para productores de shows profesionales es más importante que seas profesional que ser gracioso. Un productor prefiere un comediante un poco menos gracioso si siempre llega en horario y tratá bien a los empleados y al público.

Para que te llamen para actuar en shows, hay varias reglas para respetar si querés que te vuelven a llamar.

Principalmente un productor busca tres cosas en un comediante:

–Que llegue en horario.

–Que haga reír.

–Que baje en horario.

No son las únicas leyes… Son las más importantes desde la perspectiva del organizador/productor de un show o lugar de Stand Up. Desde lo artístico también es importante que tengas una voz y estilo propio y que no robes material.

### Llegar en horario

Como en cualquier ambiente de trabajo, la puntualidad es importante. Y si llegás tarde, hay que avisar. Tranquiliza saber que estás en el camino y/o por llegar. Un show de Stand Up tiene la particularidad que sin comediantes no hay show. Son mucho más difíciles de reemplazar, especialmente sobre la hora, que por ejemplo un mozo.

### Hacer reír

Es lo más obvio. Y cuando haya más risas, mejor. Como ya mencioné para llegar a un nivel profesional, un club de comedia busca que un comediante tenga un promedio de tres a cuatro risas por minuto (y si es más, mejor).

Un Club de Comedia no se deja guiar por gustos personales, se deja guiar por la respuesta del público.

### Bajarse en horario

Parece el más obvio pero en la práctica muchas veces es el menos respetado. Cuando te piden de hacer 10 minutos, tenés que hacer ¡10 minutos! ¡Ni más y ni menos! Respetar tu tiempo te hace un comediante profesional. Siempre está el que hace menos cuando le va mal y el que hace más cuando le va bien. ¡No está bien! A menos que las personas que te contrataron te dijeron algo diferente, tenés que hacer el tiempo por lo que te pagan.

El lugar tiene horarios estrictos, especialmente cuando hay más shows programados después del tuyo. Si vos te retrasás, se retrasa todo. Genera desorganización y público disconforme y por ende: menos ventas... y estas son importantes para mantener el lugar.

Otra persona que se va a enojar es el comediante (o los comediantes) que viene (n) después de vos. Si el show tiene que terminar a determinada hora, por tu culpa los demás comediantes van a tener menos tiempo y te van a odiar.

*Cuando te va bien...*

A veces pasa que un comediante la está rompiendo, y, como el público lo está pasando tan bien, piensa que en este caso es justificado pasarse. ¡No! No se justifica bajo ningún concepto. Tu tiempo es tu tiempo. Al comediante siguiente le puede ir mejor. Y después de tu show, viene otro show. Y si no es así, capaz el lugar tiene que pagar más a sus empleados por quedar más tiempo. Por algo te dijeron que tenés que bajarte a la hora que te dijeron.

Encima, si te va bien, es mejor dejar el público con ganas de más. Así van a pedir que vuelvas y te van a volver a llamar pronto.

*Cuando te va mal...*

Tampoco vale hacer menos cuando te va mal. Si te pagan por hacer 10 minutos, tenés que hacer 10 minutos aunque haya un silencio atroz del parte de público. Si el público pagó por un show de 1 hora, hay que darle una hora. Te pueden reclamar que no hiciste reír, pero al final no es algo que tenés bajo control. Solo podés poner tu máximo esfuerzo. Lo que sí tenés bajo tu control es el tiempo que estés en el escenario.

Obvio que no hay que seguir esas reglas si el productor te da el permiso explícito de hacer menos tiempo o más. Puede pasar que el lugar no es tan estricto con los tiempos. Pero eso es decisión del productor y no del comediante.

### 3. Dificultades en el camino

No es fácil llegar a vivir del Stand Up. Acá algunas cosas para tomar en cuenta.

## Paciencia y persistencia

"El talento solo es el 10 por ciento". Esta frase se escucha en muchas disciplinas pero la verdad que en el Stand Up es así también. El que tiene paciencia y persiste, va a llegar más lejos.

Acá la traducción de un consejo de Louis C.K., considerado el mejor comediante de Stand Up del momento.

*"Tenés que saber que no será fácil, que te llevará mucho tiempo para ser bueno o excelente. No te enfoques en tratar de tener éxito. Enfocate en volverte más gracioso. Cuando comenzás a quejarte por donde llegó otro comediante, estás yendo en la dirección totalmente equivocada. Nadie está tomando tu lugar ni tu dinero.*

*Hay que tener presente que estás para un viaje largo, con muchos altos y bajos. En promedio lleva 15 años, en general más, para ser un comediante excelente. La mayoría abandona antes".*

## Manejar la envidia y resentimiento

Louis CK habla de otros aspectos muy importantes: la envidia y el resentimiento.

Es normal sentir envidia y/o resentimiento. A todos nos pasa. Lo importante es que no te domine, que no te amargue, que no te haga hablar mal ni tirar mala onda. No importa donde estés en la carrera, siempre va a haber alguien que llegó más lejos, alguien que vende más entradas, alguien que tiene más seguidores, alguien que logra más risas…

Hay que aprender a disfrutar del camino, confiar en que las cosas llegan cuando tienen que llegar y que lo más importante es hacer algo que convence a uno mismo y disfrutar de las risas (si vienen de 20, 100 ó 1000 personas). Si no te pasa, tal vez el Stand Up no sea para vos.

Alguien que ama jugar al fútbol, lo disfruta, no importando la cantidad de gente que lo mira (aunque obviamente puede ser más excitante en un estadio lleno que en un estadio vacío).

## 4. Ganar tu vida con el Stand Up

Hay varias formas para ganarse la vida con el Stand Up.

Acá menciono las maneras para vivir del Stand Up sin depender de nadie ni el azar. Estas opciones están abiertas a todos. Solo dependen de tus propias ganas y trabajo.

### Tener tu propio show en un teatro

¡Es lo más lindo que hay para cualquier comediante: tener tu propio show en un teatro y/o recorrer el país con tu obra!

Gracias a las redes sociales, esta posibilidad hoy un día está abierta a todos. Ya no hace falta llegar a tener un lugar en la radio o la televisión.

Ya son varios comediantes que están llenando teatros por toda la Argentina y además muchos de ellos lo lograron en bastante poco tiempo (uno a dos años). Pero a nadie se le regaló nada. Todos se pusieron a trabajar a fondo en las redes, generando contenido gracioso (imagines, videos, …) y de manera constante.

Lo más importante es la constancia. Hay que buscar un formato (o dos) que pega (esto puede llevar un tiempo) y una vez que lo hayas encontrado, ser fiel a ese formato, porque se ve en las redes la gente quiere que seas previsible con el formato.

Ejemplos:

Nicolás de Tracy: animarse a hacer cosas ridículas en público.

Pablo Molinari: tipos de personas… (En diferentes situaciones).

Federico Cyrulnik: imitaciones de famosos y el tema del perro.

Mike Chouhy: cheto con sube y el futbolista que no sale de su papel.

Obviamente no alcanza con estar en las redes para tener éxito. De cada caso, hay 10 que no lo lograron (todavía). Digo todavía porque algunos que sí lo lograron, necesitaron más de 2 años antes de obtener algunos resultados.

### Eventos sociales y empresariales

Hacer eventos es una forma lucrativa para hacer dinero con el Stand Up. Actuar en un evento tiene sus particularidades pero lo bueno es que en relativamente poco tiempo y trabajo, podés llevarte un buen dinero.

Hay eventos sociales (festejos de cumple, casamientos, …) y empresariales (fiesta de fin de año, presentación de un producto…).

Acá funciona mucho el boca a boca. Un buen evento en general genera otro.

Puede ser muy útil buscar un nicho del mercado (por ejemplo: baby showers, eventos animé, la colectividad judía, despedidas de soltero/as, cumples de 15…).

## Producir shows en el Paseo La Plaza

Para mucha gente el Paseo la Plaza sigue siendo el lugar de referencia para ir a ver Stand Up. Entonces tiene la gran ventaja de convocar público por sí mismo. Hay que lograr que vayan a ver tu show. Un buen trabajo de volanteo y buena gráfica, sumado a un buen trabajo en redes, puede generar un muy buen negocio. No es fácil hacer rentable un show allí porque hay mucha competencia y altos costos (seguro de sala, volanteros, promociones en redes…), ¡Pero se puede!

## Producir shows en bares, restaurantes, boliches, centros culturales

Cada vez hay más bares, restaurantes, boliches y centros culturales que se prenden en la movida del Stand Up. Allí hay muchas oportunidades para productores/comediantes de Stand Up. Encima hay muchas zonas que todavía no tienen mucha actividad.

En Capital hay que tener en mente que muchos bares no tienen la habilitación para hacer shows. Para ofrecer shows de Stand Up, se requiere tener la habilitación de Teatro Independiente. Está bueno tenerlo presente porque por ahí generás toda una movida y después de dos, tres semanas te ponen un freno.

## Dar cursos y coachings privados

¿Te gusta enseñar el Stand Up y sentís que podés ayudar a otras personas a ser más gracioso? Entonces armar tu propia escuela o consultorio de Stand Up puede ser una muy buena opción. Se pueden dar cursos, talleres, coachings privados, …

## ¿Actuar en shows de invitado?

Lamentablemente no se puede vivir exclusivamente de actuar en shows como invitado, aunque seas muy bueno. No se paga suficiente y tampoco hay tantos lugares. Como consuelo se puede decir que en Inglaterra tampoco se puede y es el país con el mayor circuito de Stand Up en el mundo.

# Parte VI: Producción

# El armado de un show de Stand Up

Lo más importante para tener un buen show es tener buenos comediantes. Pero hasta a los mejores comediantes les va a costar hacer reír si no están dadas las condiciones para un buen show.

Muchos lugares están acostumbrados a trabajar con bandas de música. Pero un Show de Stand Up no es algo que se pueda poner "de fondo". Los comediantes necesitan el 100% de la atención del público para hacer reír.

Pedir a un lugar que se respeten esas condiciones no es ser caprichoso ni tener manías de estrella, es buscar a darle el mejor show posible a la gente que te contrató.

El público necesita dos cosas para pasarlo bien:

–Escuchar bien lo que dice el comediante

–Ver bien la cara del comediante, mímica, señas, etc.

Para eso hay una parte técnica que tiene que ver con el armado de la sala, el sonido, la luz y el pie del micrófono. Para escuchar y ver bien a un comediante se necesitan un bueno sonido y buena luz. Es importante que haya un pie de micrófono simple y música para generar un buen clima.

También hay una parte organizativa del show en sí mismo que fija el orden y el tiempo de actuación de los comediantes.

## 1. La sala

No siempre se pueden dar todas las condiciones que necesitamos para dar un buen show. Por ejemplo no se pueden sacar columnas de una sala, sino se derrumba el edificio. Hubiera sido mejor buscar otra sala pero bueno, a veces es lo que hay.

Se entiende que todos tenemos que beneficiarnos para que el show perdure en el tiempo. Lo ideal es no servir bebida ni comida durante el show pero a veces no hay otra porque el bar también tiene que ganar. Tampoco podemos pedir al lugar que pinte las paredes de negro solo para el show.

No se tienen que dar todas las condiciones, pero por más que no estén dadas, mejor saldrá el show.

### ¡Hay que armar una sala de Stand Up como una sala de cine!

El lugar se tiene que armar en función del show, sin distracciones y en silencio. Los cines están armados de tal forma para que la gente pueda disfrutar al máximo de la película, sin distracciones. Una sala/bar para un show de Stand Up tiene que buscar lo mismo.

### Escenario

Un escenario es importante para que todos, también la gente que esté atrás, puedan ver bien al comediante. Puede ser algo muy básico y chico (mínimo 1x1m), hecho a mano con paletas de madera. Tiene que ser muy estable.

### Mesas

Si hay mesas, hay que armarlas de tal forma que nadie esté con la espalda hacia el escenario. En lo ideal la gente está mirando hacía al escenario sin tener que girar.

### Sillas

En el cine la gente está sentada, uno al lado del otro. En el caso de un show conviene que sea igual (que estén sentados y todos cerca). Hay que poner las sillas cerca uno del otro. La risa es contagiosa. Las personas tienen que estar codo a codo para que puedan sentir como su vecino se está riendo.

Además hay que tratar de que la gente esté sentada lo más cerca del escenario posible, para generar intimidad con el comediante. A veces cuesta lograr que la gente ocupe la primera fila, para eso se puede poner la primera fila muy cerca del escenario, tan cerca que nadie se siente ahí, y justo antes de que arranque el show, se saca la primera fila. Así la segunda fila se vuelve la primera fila.

Siempre es mejor tener una sala chica llena con 40 personas, que tener 50 personas en una sala más grande. Se genera un clima mucho más íntimo con una sala llena y la gente se ríe mucho más.

Para evitar vacíos en la sala, se puede poner la cantidad de sillas según la cantidad de entradas vendidas o reservadas que haya. Si aparece más gente, se pueden agregar más sillas. Si la sala es muy grande, hay que poner las sillas bien hacia adelante.

Si no hay posibilidad de sacar sillas, se puede poner reservado en las sillas de atrás (y/o de costado según como está armada la sala) para que nadie se siente ahí.

## Puertas

Se deben mantener las puertas cerradas, primero para que no entre ruido desde afuera y segundo para que la gente tampoco esté tentada para entrar y salir todo el tiempo. Es muy frustrante para un comediante ver como giran las cabezas del público hacia la puerta cada vez que haya algo de movimiento o ruido ahí.

## Paredes

Las paredes de una sala de cine son oscuras (pintadas en negro o azul oscuro) para generar intimidad. Y son sobrias para no distraer a la gente.

No hay pinturas ni televisores. Y si hay televisores, se tienen que apagar. No alcanza con bajar el volumen porque la gente se distrae igual: cuando algo se mueve, la atención va ahí (no importa lo gracioso que sea el comediante).

## Servicio de bebida y comida

En el cine se venden bebidas y comidas antes de la película y fuera de la sala.

En un mundo perfecto no se vende ni comida ni bebida durante el show. Es muy molesto cuando se escucha el murmullo entre una mesa y el mozo.

En lo ideal la gente ya pasó sus pedidos, ya está servida y ya terminó de comer antes de que arranque el show y los mozos cobran y limpian las mesas después del show.

Esto es imposible de hacer cumplir en clubes de comedias donde un show sigue al otro. Ahí cobran durante la actuación del último comediante. Es difícil pero los comediantes tienen que aprender a lidiar con eso.

## Chicos en el público

Siempre hay que evitar que haya chicos en el público. Les cuesta mantenerse quietos durante todo un show: se levantan, corren, gritan... y más todavía si el show no es dirigido a ellos. La mayoría de los shows de Stand Up son para adultos.

Encima los adultos se inhiben por la presencia de los chicos. Cuando se hace un chiste claramente para adultos, no se van a reír tan fuerte porque les da vergüenza que haya niños.

Siempre hay que aclarar que el show es para adultos. Igual así muchos padres deciden llevar sus chicos de todas maneras. En este caso, traten de que por lo menos no estén en las primeras filas para que la mayoría de la gente no los vea.

Si están en un lugar donde todo el mundo los puede ver, hay que blanquearlo para que los demás se relajen. Hacer entender que vas a "cuidarlos" cuando haya material que no es apropiado para ellos. Así la gente se relaja y se despreocupa.

Por ejemplo podés decir que vas a avisar a los padres con alguna seña cuando se viene un material más fuerte. También; preguntar si miran la tele (por ejemplo Show match de Tinelli). Casi siempre te dicen que sí. Entonces podés decir: "Con lo que ven en la tele hoy en día, no se van a sorprender con nada".

Si los padres se sienten ofendidos, lo mejor es ofrecer que se les devuelva las entradas. No se pueden hacer milagros.

## Reloj

Lo mejor para que los comediantes no se pasen con el tiempo, es tener un reloj a la vista.

Muchos tienden a pasarse. Algunos piden a un compañero de hacer seña con el celular o al sonidista de prender encender una luz que les avise, para no pasarse. El tema con eso es que te puede escapar la primera vez, y la segunda y la tercera. Cuando lo ves, ¿Quién sabe hace cuánto que estaban tratando de llamar tu atención?

## 2. La parte técnica

## Micrófono

Recomendamos un micrófono con cable. Además de ser mucho más barato, tiene la ventaja de generan originar menos problemas: se desacopla menos y no hay riesgo que se vacíe la batería.

Siempre hay que tener un micrófono de repuesto y ambos micrófonos se tienen que probar antes del show.

Un micrófono muy bueno y económico es Shure Sv100 Dinámico.

Como comediante hay que saber actuar con un micrófono con y sin cable. En la mayoría de los lugares el micrófono tiene cable. Puede pasar que no haya micrófono y hay que hacer el show así. Como comediante, tenés que estar preparado para eso. Cuando no hay micrófono, las dos manos están libres y muchos no saben qué hacer con tanta libertad. Hay que ensayarlo.

## Iluminación

Cuando arranca una película en el cine, se apaga la luz de sala. Es igual para un show de Stand Up: arranca el show, se apaga la luz de sala y queda solo iluminado el escenario donde está el comediante quien El comediante tiene que poder ver mínimo las dos primeras filas sino es muy difícil actuar para la nada.

Según el lugar y la posición de la luz, puede alcanzar con uno o dos focos con luz amarilla o blanca, apuntado al comediante. Se tiene que ver bien la cara, sin sombras. Nada más y nada menos.

A veces el lugar o el sonidista tienen todo tipo de luces y el dueño siente que hay que aprovecharlas todas. ¡No! Una luz fija al sobre el comediante, que ilumina bien la cara y NADA más. El resto distrae, especialmente las luces que se mueven, tipo boliche.

Antes del show conviene poner luz de sala. Cuando el show arranca: se apaga, se prende el foco, se pone la música y el público entiende que arranca el show.

Algo básico: "Proton Par 54 Led Flat Dmx Rgbw Audioritmico"

### El pie de micrófono

El pie de micrófono ideal para Stand Up es el que solo tiene un palo (derecho). Hay que probar bien como funciona antes del show para ponerlo en a buena altura. En general es una estupidez, pero queda muy mal estar peleando con el pie en el escenario.

Se puede buscar el pie de un palo en internet con la siguiente descripción: "Pie Soporte De Micrófono Recto Con Base Pesada".

Muchos lugares tienen un pie de micrófono para músicos, que consiste en dos partes, de la cual la parte superior se inclina. Para Stand Up no es lo más cómodo. Muchas veces se puede sacar la parte de arriba para que solo se quede el palo de abajo. En general llega a la altura necesaria.

Antes de tocar algo del equipo, siempre es mejor pedir permiso al sonidista, el encargado o el dueño porque algunos se vuelven locos cuando les tocás el equipo.

Como comediante es importante revisar el pie de micrófono porque muchas veces el cable está enredado alrededor del palo. Hay que deshacerlo para poder sacar el micrófono sin problemas y dejar el pie de costado. Lleva un rato hacerlo y si lo tenés que hacer en el escenario va a parecer una eternidad.

### Música

La música es fundamental para generar clima, especialmente al principio del show.

Hay que generar lograr un contraste entre música tranquila antes del show y música energética para arrancar el show. Así le gente entiende que el show está por arrancar, deja de hablar, comienza a mirar el escenario y a sentir energía dentro de ellos.

Si ya hay música energética antes del show y no se puede hacer la transición de música tranquila a energética, lo mejor es cortar la música por 10-15 segundos y después poner una nueva canción energética para arrancar con el show.

Se vuelve a poner música energética con cada entrada de un comediante.

Lo mejor es que las canciones de entrada (cuando sube un comediante) no tengan canto en los primeros 30 segundos de la canción, por si el comediante quiere hablar por encima de la música (si es cantada, eso no sale bien).

Hay que ponerse de acuerdo con el sonidista sobre la música.

Como comediante, siempre te conviene llevar música en tu teléfono o un pendrive por si el lugar no tiene la apropiada. ¿Te parece poco creíble que pase esto? Pasa todo el tiempo. Al final de este libro, como anexo, hay una lista de canciones que se pueden usar en un show de Stand Up.

### Equipo de sonido

Obviamente el sonido es fundamental para poder escuchar bien al comediante. El equipo de sonido tiene que tener un par de bafles (y pies de bafles), potencia, consola y micrófono.

### 3. Entradas
#### ¿Cobrar entradas?

Hay que cobrar entradas siempre. ¡La gente que paga, se ríe más!

El que no paga, no valora el show (porque prestar atención al show o hablar con su amigo le sale lo mismo). Cuando la gente no paga, tampoco tiene paciencia. Escuchan uno o dos chistes para decidir si el show es gracioso o no. Si les parece que no, se ponen a hablar entre ellos.

Si es un show de comediantes novatos, igual hay que cobrar una entrada, aunque sea muy baja, por las mismas razones mencionadas anteriormente. El precio de la entrada siempre tiene que estar en proporción a la calidad de los comediantes.

## Shows gratis y a la gorra

La gente hace shows gratis o al gorra porque piensan que así van a tener más personas y probablemente es verdad. Pero la pregunta es si no es mejor tener 10 personas que pagan entrada y están motivados para escuchar a tener 20 personas que no pagaron entrada y es muy probable que te ignoren o peor: molestan al show con sus charlas. Además las 10 entradas cobradas rendirán más económicamente que la gorra de 20 personas. Un bar prefiere tener 20 personas a la gorra porque consumen más. Ahí está el eterno conflicto de intereses.

## No cobrar entradas a todo el mundo

A veces pasa en un bar que dejan entrar clientes gratis que solo quieren consumir algo y no ver el show. Al bar obviamente le conviene (por lo menos a corto plazo). Esta gente se va a poner a hablar o van a molestar al show. Es lo mismo que dejar entrar gente al cine sin cobrarles entradas y que se ponen a charlar.

El lugar tiene que elegir: o se hace show y todo el mundo que entra tiene que pagar entrada o no se hace show. Si no quieren elegir, el show va a salir mal (por ahí no siempre, pero frecuentemente) y terminarán levantando el show por falta de público (porque la gente que fue a ver el show, no lo pudo disfrutar a pleno y decidió no volver). Además la gente que solo quiere hablar tampoco lo pasa genial porque hay un show molestando en el fondo.

## 4. El Show

### ¿Cuánto puede durar un show de Stand Up?

En Argentina se instaló que un show dura una hora. En Europa los shows duran dos horas con una pausa de 15-20 minutos en el medio. Hace falta la pausa porque la gente no puede prestar atención por más de 50 minutos seguidos.

## El orden de los comediantes

*¿Quién determina el orden de los comediantes?*

El productor del show determina el orden de los comediantes. Si no está o si no hay, lo tienen que decidir los comediantes entre ellos o el presentador.

Para mí lo mejor es que el presentador decida autoritariamente el orden. Es difícil que los comediantes se pongan de acuerdo. Nadie quiere ser el primero y (casi) todos quieren ser el último.

Hasta para los comediantes es un alivio que lo decida uno y que no se tengan que poner de acuerdo.

*¿Cómo determinar el orden de un show?*

En un show de Stand Up el mejor comediante tiene que ir último y el segundo mejor, primero. Los comediantes menos experimentados van en el medio.

Es un error muy grave poner a los comediantes menos experimentados al principio, pensando que así el show así va a ir creciendo. El riesgo es que se pierda al público al principio del show y después ya no se pueda recuperar.

Es como poner los chistes más flojos al principio de tu monólogo. El público se toma unos pocos segundos para decidir si un comediante es gracioso o no... Pasa lo mismo con un show: en poco tiempo deciden si el show va a estar bueno o no. Y esta responsabilidad cae en el primer comediante.

Si, como presentador o productor, no conocés la calidad de los comediantes, hay que ponerlos según la experiencia que tienen. Es lo más objetivo y menos arriesgado.

*El orden de los comediantes*

El primer comediante tiene que ser el segundo mejor comediante de la noche. Es importante ganar la confianza del público lo antes posible, así la gente se relaja y se entrega al show.

En general nadie quiere ser el primer comediante porque el público todavía está medio frío (depende también si hay presentador o no) y no se van a reír tanto, como cuando hubiese cerrado el show. ¡Es verdad! Pero bueno, esto es un trabajo y hay que ser profesional. Si te dicen de abrir, hay que abrir.

El primer comediante se puede tomar el desafío de poner la barra bien arriba y a ver si los comediantes siguientes estarán a la altura.

Igual si el presentador hace un buen ~~laburo~~ trabajo, el público ya habrá entrado en clima cuando sube el primer comediante, a menos que no haya presentador (lo que suele pasar en shows de una hora o menos) o que le haya ido mal.

Si hay dudas sobre quién es el segundo mejor, conviene elegir el comediante que tenga más energía.

Los lugares del medio son los lugares "fáciles" (en la medida que se pueda decir "fácil" porque hacer reír nunca lo es). En inglés le dicen los "sweet spots" (lugares dulces). Son los lugares después del primer comediante y antes del último.

No tienen la dificultad de entrar en frío y tener que calentar el público. Tampoco tienen la carga de terminar el show bien arriba. Ahí van los comediantes nuevos y/o menos efectivos. Hacen menos tiempo que el primer y último comediante.

El mejor comediante es el que tiene que cerrar el show. ¡Sin discusión! El show tiene que terminar de la mejor manera para que el público se vaya con el mejor sentimiento posible.

Hay una excepción a esa regla y es cuando el "mejor comediante" quiere probar material nuevo en un Open Mic. Puede pasar que le vaya mal. En este caso conviene poner otro comediante que va a hacer material probado para cerrar bien el show.

Y tiene que cerrar realmente el mejor comediante. A veces parece que el presentador quiere aprovechar el envión del último comediante para brillar él y hace más material. Es el anti climax. En lugar de dejar ir a la gente en éxtasis, los baja de las nubes.

Después del último comediante, el presentador tiene máximo uno o dos minutos para cerrar el show: puede agradecer al público, agradecer al lugar y decir alguna cosa práctica (como la fecha del próximo show y las redes sociales). Por último pide un aplauso para todos los comediantes, otro para el público y ¡Se va!

# Anexo

# Música para Shows de Stand Up

1. **Para arrancar el show**
   AC/DC –Back in Black
   Fratellis –Chelsea Dagger
   Los Auténticos Decadentes –El Murguero
   Mark Ronson –God put a smile
   Toy Dolls –13 –The final Countdown
   Daft Punk –Robot Rock
   Muse –Uprising
   Automatic Sam –Everready Betty

2. **Entre comediantes**

Rock

   Wolfmother –Woman
   Rage against the machine –Killing In The Name
   Black Stone Cherry When The Weight Comes Down
   Metallica –All nightmare long
   System Of A Down –Old School Hollywood
   Triggerfinger –What grabs ya
   Foo Fighters –Monkey wrench
   Them Crooked Vultures –Elephants
   QOTSA –No One Knows
   Beastie Boys –Sabotage
   Rammstein –Du Riechst So Gut

Royal Republic –Full Steam Spacemachine
Foo Fighters –Learn to fly
Eagles of death metal –Cherry cola
Blur –Song 2
Muse –Supermassive Black Hole


Hiphop y pop

Cypress Hill –Jump Around
Vampire Weekend –A-punk
Just Jack –Starz In Their Eyes
Tom Petty and the Heartbreakers –I need to know
Spinvis –Astronaut
Tom Petty and the Heartbreakers –Refugee
Wombats –Joy División
Pixies –Here Comes Your Man
Outkast –Hey Ya
Eli paperboy reed –Young girl
The Breeders –Flipside


Ska

Mad Caddies –Monkeys
Liberator –Christina
Madness –House of fun
Madness –One step beyond
The Slackers –Every day is Sunday
Rude Rich and The High Notes –I Won't Let You Go
The Specials –Nite klub

<u>Dance</u>

    Prodigy –Voodoo People

    Junkie XL –Little less conversation

    The crookers –We love animals ft. soulwax and mixhell

**3. Para después del show**

    Mark Ronson.

# ÍNDICE

# Parte VI: Producción

# Anexo